小田急電鉄のひみつ

PHP研究所 編

小田急電鉄 協力

PHP

CONTENTS

1章 小田急の魅力

2章 小田急の路線と輸送状況

3章 小田急の駅

4章　小田急車両の謎に迫る

5章　小田急の歴史

6章　小田急トリビア

7章　小田急の施設

8章　小田急で活躍する人たちのひみつ

※本書の内容は2012年1月現在の情報に基づいています。

1章

小田急の魅力

日本の鉄道会社の中でもトップクラスの知名度と人気を誇る小田急電鉄。多彩な車両やサービスを提供するとともに、沿線に展開される洗練された街並みや観光地も大きな魅力です。

私鉄の優等生・小田急電鉄の魅力

首都圏西南部に路線を持つ小田急線は全長120.5kmの日本有数の規模の私鉄です。通勤・通学や買い物客輸送に加え観光輸送にも力を入れており、多彩な沿線風景も魅力です。

通勤輸送と観光輸送に活躍する私鉄の雄

小田急電鉄は東京西南部と神奈川県に３つの路線を持ち、１日に約195万人が利用する大手私鉄です。沿線人口は増加する傾向にあり、首都圏への通勤･通学輸送と箱根や江の島といった観光地への輸送を担っています。３つの路線とは新宿～小田原間の**小田原線**（82.5km）、相模大野～片瀬江ノ島間の**江ノ島線**（27.4km）、新百合ヶ丘～唐木田間の**多摩線**（10.6km）を指しますが、このほかに箱根登山線やJR御殿場線、東京メトロ千代田線へも乗り入れています。

なお、箱根登山鉄道（小田原～強羅間）と江ノ島電鉄（藤沢～鎌倉間）

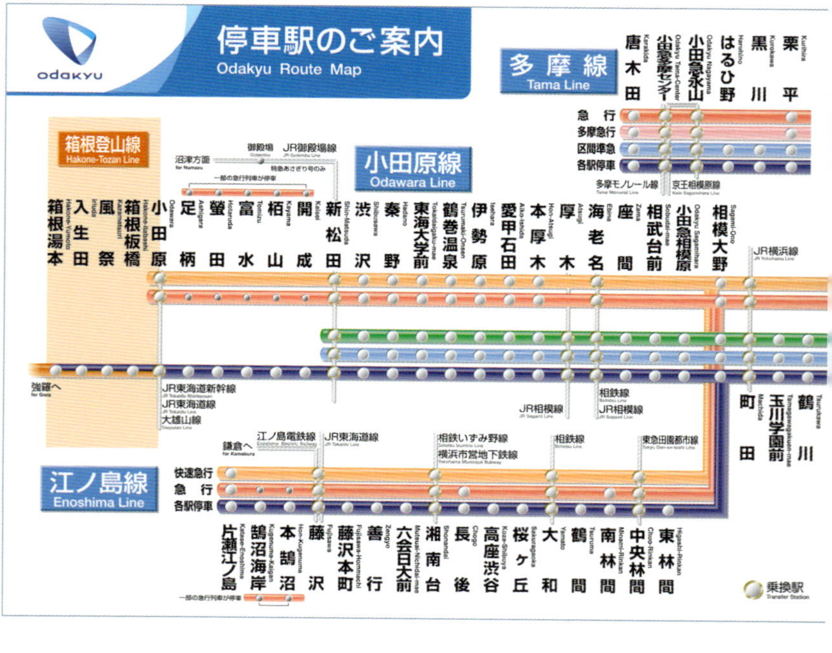

は小田急電鉄を中心に103社（2011年8月現在）で構成する小田急グループに属しています。

花形列車のロマンスカーが都心と箱根、江の島を直結

ロマンスカーとは小田急の顔とも言える特急列車の総称ですが、行き先や系統、路線によってさまざまな愛称が付けられています。小田原線系統では「はこね」や「スーパーはこね」、「さがみ」、江ノ島線系統では「えのしま」、御殿場線に乗り入れる「あさぎり」、東京メトロ直通の「メトロはこね」や「メトロさがみ」、新宿駅を18時以降に発車する下り列車は「ホームウェイ」と呼ばれています。

現在の小田急ロマンスカーは7000形LSE、10000形HiSE、20000形RSE、30000形EXE、50000形VSE、60000形MSEの6車種を使用しています。特急以外の列車種別では快速急行、急行、多摩急行、準急、区間準急、各駅停車があります。

マメ蔵 mamezou **小田原線**……小田急線の基幹路線で、最初に開業した路線です。通常は正式名称で呼ばれることは少なく、小田急線と呼ばれることが多いようです。

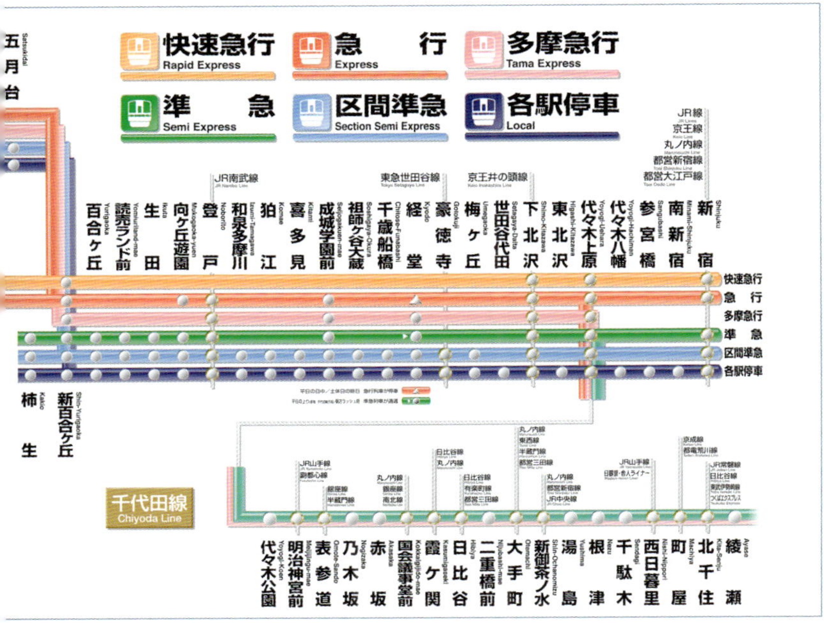

レールファンにも大人気の小田急電鉄

小田急電鉄は全国の鉄道会社の中でも屈指の人気を誇っています。ハイスペックな車両を次々と登場させるとともに、先進的で斬新なサービスを続々と投入するのも魅力です。

小田急電鉄の魅力

関東地方の大手私鉄では東武、東京メトロ、西武に次ぐ規模を誇る小田急電鉄は、日本の私鉄の中でも一、二を争う高い人気を誇っています。その要因としては、時代の先端をゆく意欲的な車両を続々と投入することが挙げられます。特急ロマンスカーの専用車両には他の追随を許さないきめ細かいサービスがあり、車両の内装も一流ホテルのように豪華です。

また、通勤型車両も各時代の輸送実態や世相を反映した素晴らしい形式を続々と登場させています。1954（昭和29）年に登場した**カルダン駆動**の高性能車2200形は、当時流行した前面２枚窓を採用し、高度成長時代の小田急を代表する形式でした。1959（昭和34）年に製造が開始された2400形は増え続ける需要に応えるために登場させた車両ながらも、際立った個性を持つ車両として人気が高かった車両ですし、旧型車のモーターや電装品を再利用した旧4000形は当時最新の大型ボディを持ちながら昭和初期のモーター音を奏でるユニークな車両として鉄道ファンの話題に上ることが多かった車両です。

最先端の設備を意欲的に導入

1969（昭和44）年に登場した5000形は1971年製造の３次車から冷房装置を搭載し冷房車として人気を集めていました。同時に小田急は既存車の冷房化も積極的に推進していきます。昭和50年代前半までは、新旧様々な形式が活躍していましたが、その後形式数の整理が進み、現在在籍しているのは6形式です。

また、鉄道ファンを大事にするのも小田急の伝統です。ファンが好みそうなデザインの記念乗車券の販売を行ったり、名車両の引退イベントを行ったりとファンの心をつかんで離さない仕掛けづくりに熱心です。

マメ mamezou 蔵
カルダン駆動……電車の駆動方式のひとつで、それまでの吊り掛け駆動方式と比べて構造が複雑な半面、バネ下重量が軽減でき高速性にも優れています。

高級感や現代的なセンスあふれる小田急線 鉄道ファンの支持も根強い

パイオニア台車が異彩を放っていた旧4000形。旧型車の下廻りを流用したため、吊り掛けモーター（102ページ）音を響かせていた。晩年は多段制御とカルダン駆動の2400形の下廻りに換装されるとともに冷房化され、イメージがかなり変わった　写真提供:結解喜幸

登場当時の状態に復元された開業時の車両1形電車

家族連れにも大人気。 小田急ファミリー鉄道展

小田急は1999年から海老名の車両基地で「小田急ファミリー鉄道展」を開催し、鉄道ファンや家族連れの人気を集めている。通常公開されない車両基地が見学できることや、鉄道タレントのトークショーが開催されるため、このイベントを心待ちにしているファンも少なくない。ファンサービスに熱心な小田急を象徴するイベントと言えるだろう。

私鉄特急の花形「小田急ロマンスカー」の魅力とは

小田急を代表する看板列車「ロマンスカー」。豪華な内装と優れた走行性能を持ち、私鉄特急を代表する存在として長きにわたって君臨しています。現在は小田急線全線で運行され観光・通勤輸送に活躍しています。

看板列車「ロマンスカー」の誕生

関東地方の大手私鉄の中でも抜群の人気を誇る小田急電鉄。洗練された車両やサービスが幅広い支持を集めています。中でも特急専用車両であるロマンスカーはひときわ光り輝く存在です。

1950（昭和25）年に系列の箱根登山鉄道の箱根湯本駅への乗入れを果たした小田急の特急は観光輸送の基盤を整えていきました。1951（昭和26）年に転換クロスシートを採用し、中間車に喫茶スタンド（P.160）を設けた**1700形**の運行を開始します。この1700形がロマンスカーのベースを築いたのです。そして、1957（昭和32）年。小田急ロマンスカーの人気を不動とする名車3000形SE（Super Express）がデビュー。本格的なロマンスカー時代が到来しました。流線形のフォルム、バーミリオン・オレンジとグレーのツートーンカラーに白線を巻くカラーリングなど当時の鉄道の常識を打ち破った車両です。

続々と登場するバリエーション

箱根特急の利用客増加に対応するため、1963（昭和38）年に3100形NSE（New Super Express）が登場します。最大の特徴は運転台を2階に設置する構造とし、小田急の特急車両では初めて展望席を設けたことです。客席から前面展望が楽しめるというサービスは当時極めて画期的で、ロマンスカーの人気が根付いたといえます。その後も時代の最先端を行く内外装デザインと優れた高速性を備え、各時代の鉄道を象徴する素晴らしい車両が続々と投入されていきました。鉄道ファンの人気も絶大で、3000形以降のロマンスカー８形式のうち、なんと７形式が鉄道友の会が選定する「ブルーリボン賞」を受賞しています。

マメ mamezou 蔵

1700形……戦後、1600形、1910形で運行を再開した新宿～小田原間ノンストップの週末特急の好評を受けて製造された車両です。3000形の登場後は一般車に改造され1974（昭和49）年まで活躍しています。

抜群の居住性と洗練されたサービスが大人気 鉄道ファンの絶大な支持を集める小田急ロマンスカー

小田急ロマンスカーの礎となった1700形。登場から30年未満で廃車となった悲運の車両（特急としての活躍期間はわずか5年）だが、その功績は計り知れない。境塚隧道にて。写真提供:生方良雄

21世紀の展望席付き車両VSE

小田急ロマンスカーのブルーリボン賞受賞車両

受賞年	受賞車（括弧内は愛称）	愛称の由来
1958（昭和33）年	3000形（SE）	Super Express
1964（昭和39）年	3100形（NSE）	New Super Express
1981（昭和56）年	7000形（LSE）	Luxury Super Express
1988（昭和63）年	10000形（HiSE）	High Super Express
1992（平成4）年	20000形（RSE）	Resort Super Express
2006（平成18）年	50000形（VSE）	Vault Super Express
2009（平成21）年	60000形（MSE）	Multi Super Express

多彩な沿線風景❶
観光地

小田急は通勤・通学輸送に加えて沿線観光開発や、観光客の誘致にも力を入れています。特に、箱根や江の島、鎌倉は日本を代表する観光地であることから、小田急では古くから魅力あふれる観光列車を運行してきました。

小田急沿線の観光地

　小田急電鉄の沿線には全国でも有数の人気観光地が数多くあります。特に小田原線は城下町・小田原や温泉保養地として古くから開発が進んだ箱根を結ぶルートとなっており、特急ロマンスカーが多数運行されています。また、丹沢・大山など都心から気軽に行くことができるハイキングコースもあります。一方、江ノ島線は湘南エリアの中心地を走り、片瀬江ノ島駅からは景勝地江の島が徒歩圏内です。また、藤沢で接続する江ノ島電鉄（江ノ電）で武家の古都・鎌倉の名所・旧跡の散策を楽しむことができるなど見どころ満載です。

1 箱根…富士箱根伊豆国立公園に位置し、休日を中心に多くの観光客で賑わいます。芦ノ湖や大涌谷では大自然が満喫でき、美術館や博物館も数多く、箱根十七湯と呼ばれる温泉地もあります。箱根登山鉄道や箱根登山ケーブルカー、箱根ロープウェイなど多彩な乗物も魅力です。

2 小田原…小田原城に代表される関東では数少ない城下町で、箱根観光の拠点にもなっています。小田原提灯とかまぼこが名産品として有名です。

3 丹沢・大山…神奈川県北西部に広がる丹沢山地では登山やハイキング、キャンプなどが楽しめ、大山へは大山観光電鉄のケーブルカーでアクセスできます。

北条早雲が開発した小田原の街並み

大山には古くから崇敬を集める大山寺がある

4 江の島…江戸時代から続く弁財天信仰の観光地で、1964年の東京オリンピックの際に開設されたヨットハーバーやマリンスポーツのメッカとしても知られています。
5 鎌倉…鎌倉のシンボルでもある鶴岡八幡宮や国宝の鎌倉大仏、四季折々の花が咲き乱れる長谷寺など古都の名刹を巡ることができます。藤沢から江ノ電に揺られて訪ねてみたいエリアです。

湘南を象徴する観光地・江の島

藤沢からは古都・鎌倉も近い

首都圏から気軽に訪れるリゾートとして人気の箱根。多数の温泉宿や、魅力的なショップも多くリピーターが多いのが特徴

マメ mamezou 蔵

日本屈指の観光地箱根……江戸時代に東海道の関所が設けられた箱根は、宿場町として栄えてきました。温泉もあるため、明治時代以降は外国人の保養地としても人気を集め、現代の繁栄の礎を築いています。

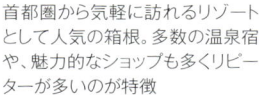

多彩な沿線風景❷
沿線各都市の概要

小田急線は東京のミッドタウン・新宿と東京西南部、神奈川県中央部を結ぶ都市型路線です。40年ほど前までは田園風景が広がる区間も多かったのですが、現在では都会的な風景が続くようになりました。

小田急電鉄の本線として機能する小田原線

新宿駅から小田原駅を結ぶ小田原線は日本の鉄道でも有数の輸送量を誇る一大幹線です。ターミナルの新宿駅を出るとほどなくして代々木上原に到着します。ここでは東京メトロ千代田線と接続しており、小田急線と相互乗入れが行われています。下北沢駅で京王電鉄井の頭線と接続し、多摩川を渡ると東京都（狛江市）から神奈川県（川崎市）へ入ります。登戸駅ではＪＲ南武線と接続、多摩線が分岐する新百合ヶ丘駅を過ぎると再び東京都に戻り、小田急沿線では新宿に次いで大きな町田駅があります。ここでＪＲ横浜線と接続します。江ノ島線は次の相模大野駅から分岐しますが、小田原線と江ノ島線の施設上の分岐点は旧駅舎のあった200ｍ先に位置しています。海老名駅と厚木駅では相模鉄道本線と、厚木駅ではＪＲ相模線とそれぞれ接続します。神奈川県のほぼ中央にある厚木市を通り、里山の風景が残る秦野盆地に入ります。渋沢～新松田間の四十八瀬川の渓谷沿いを抜けると足柄平野へ。新松田駅ではＪＲ御殿場線と接続します。酒匂川を渡ると開成町に入り、栢山駅以南は小田原市内になります。小田原では箱根登山鉄道、JR東海道線、JR東海道新幹線と接続しており、箱根湯本まで小田急の車両が乗り入れています。

日本を代表するビジネス街･ショッピングゾーンである新宿駅周辺の賑わい

編成の長大化による輸送改善が進む江ノ島線

相模大野～片瀬江ノ島間の江ノ島線は相模野台地を南北に貫くように進みます。中央林間駅で東京急行電鉄田園都市線、大和駅で相模鉄道本線、湘南台駅で相模鉄道いずみ野線と横浜市交通局グリーンラインに接続します。JR東海道本線と江ノ島電鉄が接続する藤沢駅では**スイッチバック**の線形となり､多くの列車がここで方向転換して片瀬江ノ島駅へ向かいます。2002（平成14）年には10両編成の湘南急行（現・快速急行）が運転されるなど、輸送力の増強が続けられています。

ニュータウンの足として建設された多摩線

新百合ヶ丘駅から唐木田駅までの多摩線は多摩ニュータウンと首都圏のアクセス路線として機能しています。はるひ野駅までは神奈川県川崎市、小田急永山駅からは東京都多摩市に入ります。当初は2両編成がのんびり行く小田急のローカル線でしたが、現在は千代田線との直通列車も運行される重要路線に成長しています。長年小田急多摩センターが終着駅でしたが、1990（平成2）年に唐木田駅まで延伸されています。さらに、相模原市方面への延伸の要望もありますが、計画は具体化していません。小田急永山と小田急多摩センターの間は京王相模原線が併走します。

マメ mamezou 蔵

スイッチバック……線路が同一の方向に分岐する構造で、勾配区間の駅や終着駅の構造となっているような配線上の都合から採用される方法です。小田急では藤沢駅のみが採用しています。

東京西部の拠点都市町田の駅前周辺

2章

小田急の路線と輸送状況

首都圏の西南部に路線網を有する小田急電鉄は、増加する利用客に対応するため、列車の増編成化を進めてきたのです。

小田急の輸送人員はどのくらいの規模なの？

東京新都心の玄関口となる新宿駅を発着する小田急線。年間輸送人員が7億1,040万人という東京西南部エリアの大動脈として機能しています。ところが、開業当時は今とは全く異なる様相だったようです。

開業当初は閑古鳥が鳴く

小田急は創業当時から収益の柱として箱根方面への観光客輸送を想定していましたが、昭和金融恐慌の影響を受け開業以来輸送実績は低迷していました。一方、沿線における住宅都市開発も手掛けており、江ノ島線の林間エリアに約100万坪の土地を取得して分譲するなど、沿線の開発に伴う旅客需要の増加も見込んでいました。林間都市構想は戦況の悪化で頓挫しましたが、戦後は林間エリアをはじめとする沿線の住宅開発に力を入れたこともあり、1日当たりの輸送人員は年ごとに増加の一途を辿るようになりました。1951（昭和26）年頃から政府の公団団地が世田谷地区や町田市に建設が開始され、沿線人口は増加していきました。1959（昭和34）年度の輸送人員は1億6,000万人まで増加しました。

沿線開発の進展で輸送量増加

1970年代に入ると沿線の宅地開発や団地の造成はピークを迎えます。1974（昭和49）年6月には、計画人口約30万人の多摩ニュータウンの足として多摩線新百合ヶ丘～小田急永山間が開通しました。

また、1978（昭和53）年3月に営団地下鉄千代田線との**相互直通運転**が開始され、都心部と直結した小田急沿線の利便性が向上しました。このため、都心に向かう沿線居住者が増加し、1980（昭和55）年度に146万人だった1日の平均輸送人員は5年後の1985（昭和60）年度には約14％増の166万人となっています。これを年間輸送人員にすると6億590万人ですが、その後も沿線への大学・企業・工場などの進出により、25年後の2010（平成22）年度の年間輸送人員は7億1,040万人になっています。

マメ mamezou 蔵

相互直通運転……異なる鉄道の車両が接続する駅を介して相互に乗り入れることを言います。どちらか一方の車両のみが乗り入れる場合は片方向直通運転と言います。

観光輸送主体で開業した小田急線 沿線開発の進展で国内有数の輸送密度に

1日平均輸送人員の推移

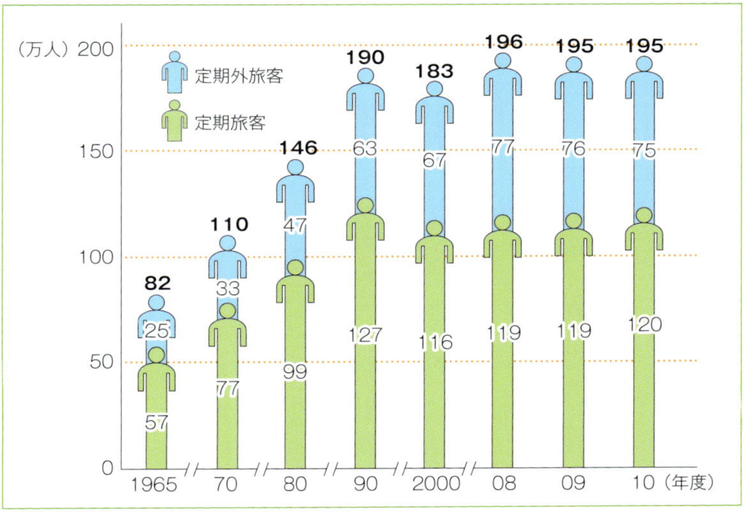

年間輸送人員の推移

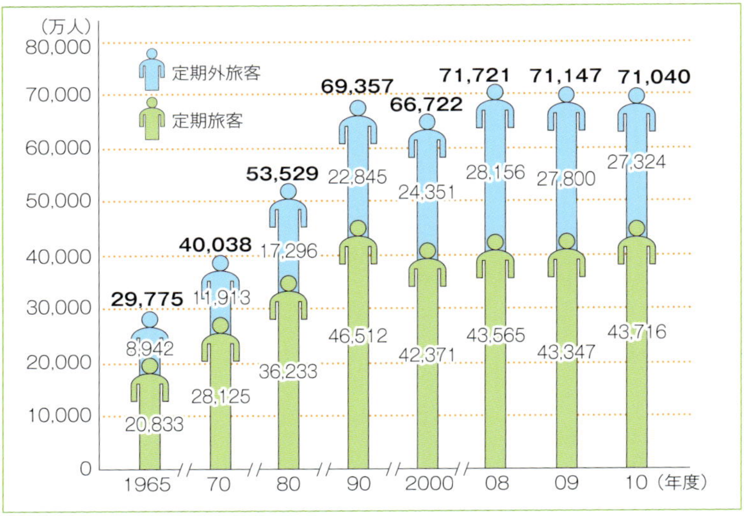

複々線化が完成することで激変する輸送体系

小田急の長年の悲願である複々線化事業で最後の工事区間となった東北沢～世田谷代田間。同区間の工事が完了すれば小田急線の輸送体系が大きく変わるとともに、大幅なスピードアップが実現します。

輸送力増強の決め手は複々線

小田急は1977（昭和52）年以降、大形20m車10両編成を投入して混雑率の緩和を図ったものの、朝ラッシュ時間帯における**混雑率**は200%台を割るには至りませんでした。運転本数や編成両数の増加は限界に達しており、輸送力を増強するには**複々線化**が必要不可欠となり、東北沢～和泉多摩川間の複々線化を計画しました。都の**連続立体交差事**業にあわせて喜多見～和泉多摩川間の複々線化工事がスタートしたのは1989（平成元）年7月のことでした。

続いて1994（平成6）年12月に世田谷代田～喜多見間、2004（平成16）年9月には東北沢～世田谷代田間の工事がスタートしました。また、東北沢～世田谷代田間は京王井の頭線との立体交差があるため、地下式とすることになりました。

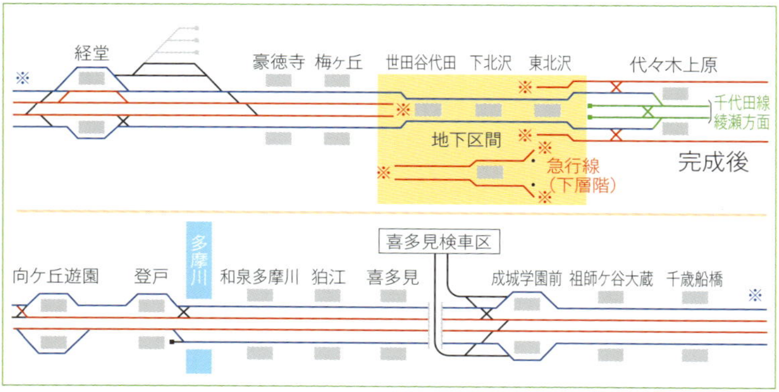

複々線完成後の配線図

マメ mamezou 蔵

連続立体交差事業……高架化や地下化により、市街地の道路交通の障害となる踏み切りを解消するために行われます。工事には多額の費用がかかるため、事業には国や自治体の補助金が交付されるのが一般的です。

複々線化で所要時間が短縮

複々線区間では急行と各駅停車が別線を走行できるため、急行から各駅停車までスピードアップが可能となります。さらに列車の増発も可能となるため、混雑率の緩和も図ることができます。朝ラッシュ時間帯の向ヶ丘遊園～新宿間上りのおおよその所要時間は、複々線工事着工前が急行33分、各駅停車40分でしたが、1997（平成9）年6月の喜多見～和泉多摩川間の複々線完成で急行29分に短縮されました。

さらに2004（平成16）年11月の世田谷代田～喜多見間の複々線完成で急行25分、各駅停車36分に短縮されました。2015年度に予定されている代々木上原～和泉多摩川間の完成では、急行21分、各駅停車34分に短縮されるほか、列車の増発も行えるようになります。

新宿～向ヶ丘遊園間の所要時間

	朝のラッシュピーク時間帯		日中時間帯
	急行	各駅停車	各駅停車
複々線化工事着工前	33分	40分	43分
現在（一部区間供用）	25分	36分	36分
複々線化工事完成後	21分	34分	34分
着工前との差	**12分**	**6分**	**9分**

複々線の完成後はラッシュ時を中心に所要時間短縮が実現される。写真は1997年に複々線高架化工事が完成した狛江駅

特急から各停まで7種類!
多様化する列車種別を探る

現在、小田急には「特急ロマンスカー」「快速急行」「多摩急行」「急行」「準急」「区間準急」「各駅停車」と、実に7種類の列車種別があり、効率的な輸送を確保しています。

ロマンスカー専用の「特急」

特別急行列車の略として定着した「特急」の列車種別は、特別な料金が必要な**優等列車**として国鉄・私鉄で使用されてきました。ロマンスカーのような特別な車両を保有しない鉄道会社では、最も速く停車駅が少ない列車にも通勤タイプが使用されています。この場合は「特急」のほか、「快速特急」という種別が使われることが多いようです。

小田急では1949（昭和24）年に1910形が登場して以来、「特急」はロマンスカーの車両が充当される列車にのみ使用されています。一般車両を使用した優等列車では、1927（昭和2）年10月の全線複線化により新宿～小田原間の「急行」が登場しました。1949（昭和24）年からは長距離旅客輸送用として「急行」が運転されてきました。昭和30年代の新宿～相模大野間の急行の停車駅は下北沢・向ヶ丘遊園・町田の3駅と現在の「快速急行」を凌ぐ少なさでした。

かつての準急列車のイメージカラーは黄色だったが、現在は緑色となっている　写真提供:結解喜幸

混雑緩和を目指した列車種別

優等列車の設定は速達サービスが主な目的ですが、「快速急行」利用の長距離旅客と「急行」利用の短距離旅客を分離することにより、各列車の混雑の緩和と平準化も図られているのです。梅ヶ丘～和泉多摩川間の複々線完成によって高速運転が可能となった際に、下北沢～新百合ヶ丘間がノンストップとなる「快速急行」が新設されるなど、バラエティが豊富になっています。この種別は1990年代にも使用され、返り咲きを果たした形です。

また、千代田線直通旅客の利便性を図る「多摩急行」、中距離通勤旅客の多い時間帯に設定した「準急」、「多摩急行」との代々木上原接続による新宿への速達性を考慮した「区間準急」、昼間時間帯は概ね10分間隔の運転を行う「各駅停車」があり、利便性と速達性を兼ね備えた運転が行われています。

マメ mamezou 蔵

優等列車……所要時間短縮のため一部（または全部）の途中駅を通過する列車を指します。広い意味では全駅に停車する各駅停車（普通列車）以外の列車が該当します。

2004年に登場した「快速急行」。JRの湘南新宿ラインに対抗するために設定された「湘南急行」が前身の速達列車

各種別の下り列車の運行本数
（新宿駅発／多摩急行は代々木上原発の本数）

列車種別	運転本数	特徴
特急「ロマンスカー」	47	小田急の列車種別の最高峰。列車により停車パターンが異なる
快速急行	31	小田原線の新百合ヶ丘以西や江ノ島線方面と都心のアクセス向上のため、停車駅を大幅に絞っている
多摩急行	33	千代田線と直通。多摩線と都心のアクセスを目的に設定
急行	105	小田原線と江ノ島線の主力列車、終日混雑している
準急	6	登戸以西は各駅停車に。以前は江ノ島線でも運転されていた。千代田線からも2本乗り入れる
区間準急	17	複々線区間の梅ヶ丘以西の各駅と新宿方面の到達時間を短縮
各駅停車	131	各停と省略して呼称されることも多い。全区間で運行される

小田急にもモノレール路線があったって本当？

小田急にかつて存在したモノレール線は、向ヶ丘遊園の利用者輸送に活躍。当時の小田急ロマンスカーと同じ塗色で遊園地の利用者に人気の乗物でした。

走行距離1.1kmの「豆汽車」

2002（平成14）年に惜しまれつつ閉園した向ヶ丘遊園が、神奈川県橘樹郡向丘村（現在の川崎市多摩区）の丘の上に開園したのは1927（昭和2）年4月。小田原線稲田登戸駅（現在の向ヶ丘遊園駅）と遊園地の間が約1.1km離れていたため、来園者の輸送手段として同区間で「豆汽車」の運行も開始されました。戦時中は線路が撤去されましたが、1950（昭和25）年3月に復活開業し、蓄電池機関車がトロッコ列車タイプの客車を牽引する「豆電車」として親しまれてきました。

しかし、1965（昭和40）年から周辺道路の拡張工事が行われることになり、それに伴って同年秋に「豆電車」廃止が決定。その代替交通機関として導入されることになったのが、日本ロッキード社開発による鉄軌輪式モノレールで、地方鉄道法による**跨座式**《こざしき》鉄道に分類され、本線の運転士が乗務していました。

水曜日は運休だったモノレール

1966（昭和41）年4月23日、向ヶ丘遊園モノレール線向ヶ丘遊園～向ヶ丘遊園正門間1.1kmが開業しました。小田原線と同じれっきとした地方鉄道ですが、遊園地への送客を目的としているため、運転時間は9～18時ごろと限定されたものでした。また、1999（平成11）年7月から遊園地が休園日となる水曜は運休となりました。

車両はデハ500形2両編成が使用され、同区間を8～15分間隔で運転。遊園地の利用者から好評を博していましたが、2000（平成12）年2月に老朽化に伴う台車の亀裂が判明。改修工事が検討されましたが、レジャーの多様化で遊園地の入園客も減少していたため、運行停止のまま2001（平成13）年2月1日限りで廃止となりました。

マメ mamezou 蔵

跨座式……モノレールの車両が橋脚の上に作られた軌道を跨ぐスタイルです。モノレールには跨座式のほかに、江の島の湘南モノレールなどが用いる車両を吊るように上部に軌道がある懸垂式もあります。

日本で2例しかないレア鉄道、鉄輪式モノレール

向ヶ丘遊園でウルトラマンショーが開催された期間はウルトラマンのマスクで運転されたデハ500形　写真提供:結解喜幸

現在の向ヶ丘遊園駅南口。かつてのモノレールの痕跡はほとんど残されていない

開通から40年で激変！
多摩線の運行形態

新百合ヶ丘～小田急永山間に小田急電鉄では43年ぶりの支線として開業した多摩線。現在は特急ロマンスカーや「多摩急行」が運転される準幹線的な路線になっています。

区間運転の支線として開業

多摩ニュータウンと都心を鉄道で結ぶ計画により、新百合ヶ丘～小田急永山間の多摩線が開業したのは1974（昭和49）年6月1日。開業時は朝の通勤時間帯を除いて2200形2両編成の各駅停車が支線内を往復する運用が組まれていました。

翌年4月23日には小田急多摩センターまで延長開業しましたが、多摩線の利用客数は当初は低迷していました。というのも、並走する京王相模原線が新宿および都営新宿線直通の列車を運転していたためでした。その後、沿線の宅地開発が徐々に進んだこともあり、1979（昭和54）年3月から全列車が1800形や2400形の4両編成で運転されるようになりました。

劇的な変化を遂げた2000年代

多摩線の大きな転機となったのが、2000（平成12）年12月の唐木田行の特急ロマンスカー「ホームウェイ」および千代田線直通の急行列車の運転開始でした。将来的に千代田線からの直通列車は多摩線に乗り入れる計画もありましたが、小田原線の輸送力低下を防ぐため、本厚木発着の準急列車になっていました。それが開業から四半世紀の時を経て千代田線直通の「多摩急行」も運転を開始し、さらに2008（平成20）年3月には北千住発の特急ロマンスカー「メトロホームウェイ」が運転されるようになりました。

開業当初は緑の丘や森が車窓を飾るローカル線でしたが、現在は新宿発および千代田線直通の特急ロマンスカーや10両編成の「多摩急行」、8両編成の「区間準急」、6・8両編成の「各駅停車」が走るようになりました。

マメ mamezou 蔵

多摩ニュータウン……昭和40年代に開発が開始された日本最大のニュータウンです。開発エリアは多摩市、八王子市、稲城市、町田市の4市におよび、現在の人口は30万人を超えています。

近年輸送改善が大幅に進む!
多摩ニュータウンの大動脈

開通式の様子。式典には当時最新鋭だった9000形が使用されているが、昭和末期までは1900形、2200形、2400形などが運行していた　写真提供:小田急電鉄

当初は新百合ヶ丘〜小田急多摩センターの間の折り返し運転で、2200形2両編成が使用されていた。写真は1800形4両編成のイベント列車　写真提供:結解喜幸

並行ダイヤ導入でラッシュをさばく!

昭和40年代に入ると小田急の輸送量はますます増加。逼迫する状況に対応するため並行ダイヤが導入されることになりました。朝通勤時間帯の上り電車は各駅停車・準急・急行が連なって走っていました。

急増する輸送量に対応

1955(昭和30)年頃から小田急の沿線は急速に開発が進みます。飛躍的に増加する輸送量に対応するため、小田急は通勤用車両の増備や軌道・変電所の強化を行います。1948(昭和23)年の新生小田急誕生時に新宿駅の乗降人員は1日約8万7,000人でしたが、1959(昭和34)年度には1日約19万3,000人と倍増しています。

1962(昭和37)年に2400形+2200形による6両編成が運転を開始しましたが、輸送量の増加には追いつきませんでした。そこで、朝ラッシュ時の平均乗車による混雑緩和を図るため、1967(昭和42)年から朝通勤時間帯の上り電車で並行ダイヤを導入しました。途中の**待避駅**で急行が各駅停車を追い抜くダイヤでは、乗客が急行に集中して混雑が激しくなるための対応でした。

急行・準急の10両運転を開始

それまでの16～19m車6両編成では輸送量に限界があるため、1964(昭和39)年には20m車の2600形5両編成を導入しました。ホームの延伸工事の完了後に当初の予定通り2600形は6両編成となって輸送量を確保しましたが、通勤旅客の増加は小田急の予想を超えるもので、すぐに飽和状態となりました。1969(昭和44)年には5000形を投入して急行の20m車8両編成化で対応を図りましたが、朝通勤時間帯の世田谷代田～下北沢間の1時間当たりの**混雑率**は最高で230%にも達していました。

さらに、1977(昭和52)年7月から20m車10両編成を運転することで混雑率を210%に緩和しています。現在は複々線化によって和泉多摩川～世田谷代田間が別線運転となりましたが、世田谷代田～新宿間では並行ダイヤが続いています。

マメ mamezou 蔵

混雑率……列車の混雑を表す指標で、実際に乗車している人数を車両の定員で割って算出します。混雑率100%の場合は乗車人数=定員となります。150%を超えると車内はかなり窮屈になります。

沿線の開発により朝のラッシュが激化 並行ダイヤと増結で必死の対応を続ける

昭和50年代には中型車と大型車の混結編成も多く見られた　写真提供:結解喜幸

並行ダイヤ

輸送力を向上させるために用いられるダイヤ。停車駅が異なる列車が同一の路線を走行する場合、急行など速い列車に乗客が集中することが多く、遅延などの原因になる。そのため、列車の表定速度を均一にして列車間の混雑度を平均化するダイヤ。また、急行は速度が速いので制動距離が長くなるため、一定時間内の本数は少なくなる。各駅停車に合わせて低速度運転にすれば列車本数は増加させることができるが、平均到達時間は伸びてしまう。ラッシュ時の並行ダイヤの導入は輸送量の増加を果たすための苦肉の策とも言える。

6両編成導入当時の編成

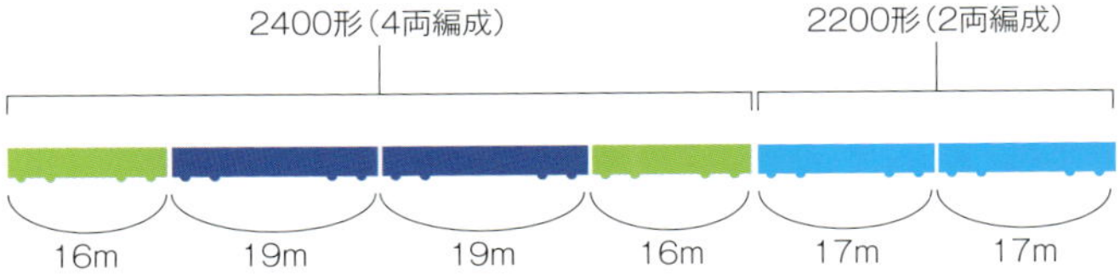

6両編成とは言っても20m車に換算すると5両分程度の輸送力しかなかった。

小田急の悲願！「新宿～小田原間60分運転」

疲弊した小田急線の復旧を目指して設置された「輸送改善委員会」。同委員会が提唱した「新宿～小田原間を60分で結ぶ」という目標は達成まであと一歩のところまできながら実現しませんでした。

夢と希望を込めた将来目標

小田急が東急から分離独立した1948（昭和23）年、社内に設置された輸送改善委員会では「新宿～小田原間を60分で結ぶ」という将来目標を立て、施設の復旧と高性能車両の開発が進められることになりました。当時の新宿～小田原間の所要時間は1時間40分でしたので、夢のような目標でした。その実現のため、小田急は軽量高性能な車両の開発に力を注ぎます。1955（昭和30）年1月には基本構想が策定されました。そして、1955（昭和30）年に2200形軽量高性能車を新造、1957（昭和32）年7月6日に3000形ＳＥが就役し、試運転が開始されました。さらに国鉄に貸し出されて東海道本線で高速試験を行うことになり、9月27日には当時の狭軌鉄道における世界最高速度145km/hを記録しました。

EXE（右）とLSE（左）。ロマンスカーの高速化は小田急の悲願だ　写真提供：結解喜幸

マメ mamezou 蔵

列車密度……一定の時間にある区間内を走行する列車の本数を指します。列車本数を増やすために、各列車の速度を均等に近づけることも、本数増加（輸送力増強）には有効とされています。

沿線人口の増加に伴い列車本数が増加

1963（昭和38）年３月、前面展望席を設けた3100形ＮＳＥが営業運転を開始しました。同年11月には運輸省の規制緩和により特急ロマンスカーの営業最高速度を110km/hに引き上げたことにより、新宿～小田原間の所要時間は62分と目標に近づくことになります。目標には2分ほど足りませんが、15年で念願が叶ったと言っても過言ではないでしょう。

ところが、その後の沿線人口の増加に伴う急行列車や各駅停車の増発が**列車密度**を高めることになりました。現在は最新鋭の50000形ＶＳＥ車によるノンストップの「スーパーはこね」が運転されていますが、最速66分となっています。

現在のロマンスカーは最速66分で新宿～小田原間を結ぶ。

新宿～小田原間の所要時間の変遷

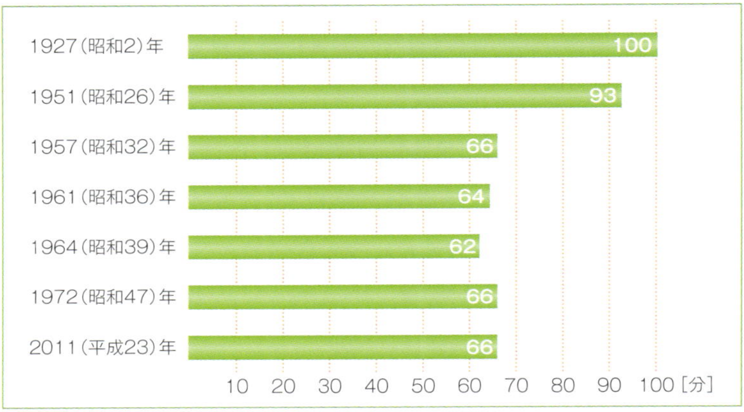

小田急線の最高速度は時速何キロくらい?

特急ロマンスカーをはじめ、多くの優等列車が快走する小田急線。小田急電鉄は安全かつスピーディーな運行を目指すべく、古くから車両開発や施設改良を続けています。現在の最高速度はどのくらいなのでしょうか。

小田急線内で130km/hを記録

画期的な軽量高性能新特急車として1957（昭和32）年に誕生した3000形ＳＥは、小田急線内の試運転で最高速度127km/hを記録しました。これにより小田急線での**営業最高速度**110km/hが可能となる高性能が立証され、新宿～小田原間82.5kmを60分で走行させようという計画は具体性を帯びていったのです。

その後の特急ロマンスカー用車両は、設計最高速度が130km/h～170km/hとされており、狭軌の鉄道としては限界に近い高速性能を持って登場しています。ところが、小田急線内の特急ロマンスカーの運転最高速度は、線路の走行条件などから110km/hに制限されていますので、実際にはその卓越した性能が発揮されることはありませんでした。なお、1963（昭和38）年に登場した小田急初の展望室付き3100形ＮＳＥは、試運転において最高速度130km/hを記録していますが、これが小田急線内における最高速度記録になっています。

通勤用車両は100km/hで運転

特急ロマンスカーの最高速度は110km/hですが、通勤用車両は最高速度を100km/hに設定しています。戦後の小田急初となる新製車両の1900形は最高速度95km/hで登場しましたが、実際に最高速度で走るのは限られた区間のみでした。

当時の**吊り掛け駆動方式**（※）は高速運転時における線路への衝撃が激しく、軌道破壊を起こす大きな要因になっていました。小田急初の**カルダン駆動方式**（※）を採用した2200形では、営業最高速度が100km/h、設計最高速度は110km/hに設定されました。2200形以降に登場した通勤用車両は基本的に同一条件で設計されています。

※102、103ページ参照

マメ mamezou 蔵

営業最高速度……小田急線を含む狭軌（レール幅1,067mm）の鉄道の最高速度は110km/hとなっているところが多い。JRの一部区間では車両や路線を高速化対応して130～160km/h運転を行っている。

昭和30年代には現在の速度を実現 複々線化後のさらなる高速化に期待!

3000形の登場は日本の鉄道高速史に大きな役割を果たした
写真提供:結解喜幸

8000形の運転台。現在の小田急の通勤型車両の運転台はワンハンドルマスコンというノッチ、ブレーキが一体型になったものが主流

スピードアップを取り巻く環境の変化

近年はスピードアップの要請は社会的に低くなり、スピードアップを拒否する沿線住民の声も大きくなっている。ダイヤの工夫や待避時間の減少による到達時間短縮が望まれている。

登戸駅構内の場内信号機。駅構内やカーブ区間は減速する

小田急名物だった相模大野の分割・併結

小田原線と江ノ島線の分岐となる相模大野駅。新宿発の急行列車は同駅で小田原方面と片瀬江ノ島方面に分割する運転方式が取られており、相模大野駅での連結・切り離し作業は小田急名物となっていました。

前後の車両で行き先が異なる

かつて新宿～相模大野間と相模大野以西の輸送量が大きく異なっていました。そのため、新宿を発着する急行列車は箱根湯本行きと片瀬江ノ島行きの2列車を分岐点である相模大野駅まで併結して走るスタイルを採っていました。昭和30～40年代前半の急行列車は2400形４両と2200形２両の６両編成で運転され、相模大野駅からは４両編成が箱根湯本行き、後ろの２両は片瀬江ノ島行きでした。また、逆方向の列車は相模大野駅で連結して、１本の列車になって新宿駅に向かったのでした。

この**分割・併結**風景は相模大野駅の名物にもなっており、休日ともなると鉄道ファンがカメラに収める姿を見ることができました。

輸送量の増加で名物廃止

小田急沿線の人口は年々増加の一途を辿り、1977（昭和52）年７月には新宿～本厚木間で急行列車の一部10両編成化が実施されました。急行列車の10両化によって分割パターンも複雑になり、新宿～相模大野間の急行停車駅ホームには「分割案内板」が設置されるようになりました。分割案内板はＡ～Ｅの５種類ありましたが、これは18ｍ車と20ｍ車が混在していたためでした。

しかし、相模大野以西の直通利用客が増加すると小田原線６両、江ノ島線４両では輸送力が不足しました。そのため、2008（平成20）年３月15日に新宿～小田原間および新宿～藤沢間の急行列車は原則10両編成が基本とされ、相模大野での通勤列車の方面別の分割・併結は廃止となりました。

マメ mamezou 蔵

分割・併結……2つの列車を途中駅まで1本の列車として運行する方法。有名なのは秋田新幹線や山形新幹線で、途中まで東北新幹線の列車と連結され、それぞれ盛岡、福島で切り離しが行われます。

輸送力を有効活用する分割・併結運転
江ノ島線直通列車の長編成化により廃止

相模大野駅での分割·併結の作業風景（昭和53年ごろ）

行先表示板には両方の行き先が記載されていた
写真提供:結解喜幸

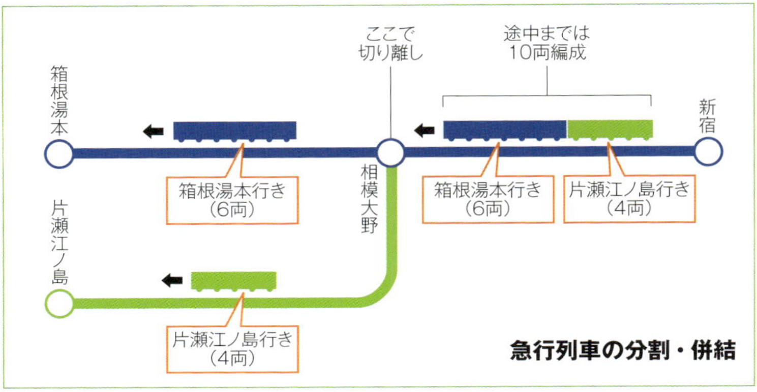

急行列車の分割・併結

「特別準急」や「連絡急行」って何？

かつて小田急電鉄の列車種別で異彩を放っていたのが「特別準急」や「連絡急行」。これは国鉄御殿場線に乗り入れる列車にのみ付けられていました。小田急が乗入れ先の国鉄に合わせた形です。

新規観光ルートを開拓

箱根登山鉄道への乗入れにより箱根への観光客誘致が軌道に乗った小田急電鉄では、箱根および富士五湖エリアへの観光拠点となる御殿場へ直通する旅客輸送が検討されるようになりました。新松田駅で交差する国鉄御殿場線に乗り入れ、新宿駅から御殿場駅まで直通する列車を運転する計画が立てられ、新松田駅の新宿寄りに小田急線と御殿場線とをつなぐ連絡線が敷設されました。

そして、新宿～御殿場間を結ぶ直通の準急列車が運転を開始したのは、1955（昭和30）年10月1日のことでした。小田急線内は全車指定席の特急列車と同じ扱いでしたが、当時の国鉄線内の規定では**準急列車**となるため、苦肉の策として「特別準急」という新たな列車種別が設定されました。

御殿場線内ですれ違う「あさぎり」。左は小田急20000形、右はJR東海の371系。20000形は2012年3月に引退することが決定している　写真提供:松尾諭

ロマンスカー・SSEを投入

国鉄御殿場線が電化開業した1968（昭和43）年7月1日、小田急の乗入れ車両も電車化されることになりました。箱根方面への特急では前面展望席のある3100形NSEが主役となっていたため、3000形は御殿場線の直通列車に使用することになりました。短くなったことからショートの「S」を付けてSSEとも呼ばれるようになった3000形は、この日から「連絡準急行」として御殿場線への乗入れを開始しました。

同年10月には国鉄の列車種別規定が変更となり準急が廃止されたので、国鉄線内が急行列車となりました。そのため、「あさぎり」は「連絡急行」と名乗るようになりました。なお、JR東海と相互直通運転を開始した1991（平成3）年3月16日からは、晴れて特急列車の仲間入りを果たしたのでした。

マメ mamezou 蔵

国鉄の準急列車……昭和20〜30年代に隆盛を極めた種別で、短〜中距離の列車が多数運転されていました。小田急で運転されている準急とは異なり、特別料金（準急券の購入）が必要でした。

連絡急行時代の「あさぎり」。この時代は愛称板も国鉄タイプのものが使用されていた　写真提供：結解喜幸

	小田急線内の種別・列車名	国鉄（JR）線内の種別・列車名
1955.10.1〜	特別準急「銀嶺」「芙蓉」	準急「銀嶺」「芙蓉」
1968.7.1〜	連絡準急「あさぎり」	準急「あさぎり」
1968.10.1〜	連絡急行「あさぎり」	急行「あさぎり」
1991.3.16〜	特急「あさぎり」	特急「あさぎり」

速達性の向上を目指して登場した新列車種別「湘南急行」

2001（平成13）年12月、JRが湘南新宿ラインの運転を開始。新宿～藤沢間で小田急電鉄と競合することになりました。その結果として登場したのが湘南急行です。

ＪＲ湘南新宿ラインの開業

ＪＲ東日本では、東北本線・高崎線方面と東海道本線・横須賀線方面を新宿駅経由で結ぶ首都圏縦断列車の運転を計画し、2001（平成13）年12月１日には「湘南新宿ライン」として同区間を結ぶ新ルートが開業しました。

このため、新宿～藤沢間でJRと競合する小田急電鉄は対抗策として翌年３月23日から新宿～藤沢間に「湘南急行」の運転を開始しました。江ノ島線相模大野～藤沢間の停車駅を中央林間・大和・湘南台の３駅に減らし、同区間の旅客へ速達性の向上をアピールするための列車でした。その後、ＪＲは列車本数の増加による利便性の向上を図ったため、さらなる速達性が求められるようになりました。

複々線化で速達性が向上

小田急は輸送力増強を目的に、東北沢～和泉多摩川間の**複々線化**工事を推進しています。1997（平成9）年３月の喜多見～和泉多摩川間に引き続き、2004（平成16）年11月には梅ヶ丘～喜多見間の複々線化が竣工しました。梅ヶ丘～和泉多摩川間で優等列車と普通列車の分離運転が可能となったため、新たに下北沢～新百合ヶ丘間がノンストップになる列車の運転が可能となったのです。

同年12月11日から「湘南急行」のネーミングを変更し、新宿～小田原・藤沢間に「快速急行」の運転を開始しました。小田原線内の停車駅を「湘南急行」より３駅減らすことでさらなる速達化を果たし、現在では新宿～藤沢間は最速54分で結んでいます。小田急の「快速急行」は新宿駅および藤沢駅が始発であるため、座って行ける快適さも魅力のひとつになっています。

マメ mamezou 蔵

複々線化……混雑緩和や輸送力増強のため線路を上下2線から上下4線に増設することを指します。関東の私鉄では東武鉄道伊勢崎線が早くから取り組んでおり、大きな効果を上げています。

速達性の向上を目指して登場した湘南急行
江ノ島線の輸送体系が大きく進化!

小田急「快速急行」
所要時間:54分
運賃:570円
運転間隔:1時間に2本

湘南急行を再編して登場した「快速急行」は現在江ノ島線の主軸列車として1日21本(下り)が運転されている

新宿～藤沢間で競合する小田急とJR

JR湘南新宿ライン
所要時間:53分
運賃:950円
運転本数:1時間に2本

湘南急行の停車駅

片瀬江ノ島 ― 藤沢 ― 湘南台 ― 大和 ― 中央林間 ― 相模大野 ― 町田 ― 新百合ヶ丘 ― 向ヶ丘遊園 ― 登戸 ― 成城学園前 ― 下北沢 ― 代々木上原 ― 新宿

長年急行が停車していた南林間と長後を通過したことで話題に!

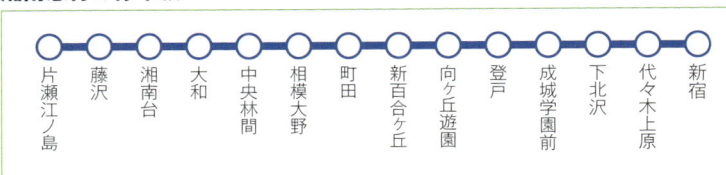

4両編成も活躍する 新松田～小田原間の各駅停車

新松田～小田原間はノンストップと各駅停車の2タイプの急行列車が運転されています。この区間には短い4両編成の各駅停車の運転が今も健在です。

2タイプの急行が存在

小田原線の急行列車は本厚木～新松田間が各駅停車となっていますが、新松田～小田原間ではノンストップと各駅停車の２種類の急行列車が存在する特殊な運行パターンとなっています。

新宿～小田原間の速達性を図るには新松田～小田原間はノンストップが最適ですが、同区間内の各駅の利便性を考慮すると相模大野方面への直通列車も必要になります。そこで、小田原発着の急行列車はノンストップの新宿速達性を重視した列車と、各駅停車で各駅の利便性を図る列車の２タイプが運転されることになりました。以前は、下り列車では前６両が新松田からノンストップの急行、後４両は各駅停車、上り列車では新松田まで４両編成の各駅停車、後からくる６両編成の急行列車を連結して10両編成の急行列車になる運用も多かったのですが、現在は１本のみです。

乗り入れる箱根登山鉄道の塗色に合わせて「RhB塗装」を身にまとった新松田～箱根湯本間限定運用の1000形（右　4両編成）と新3000形

箱根湯本まで直通運転

急行列車の10両編成化に伴って従来の箱根湯本乗入れが廃止され、さらに小田原～箱根湯本間の列車はすべて小田急の車両で運転されるようになりました。これにより新松田～箱根湯本間および小田原～箱根湯本間の各駅停車は、2009（平成21）年3月から箱根登山鉄道の電車と同じ赤色の塗色に変更された1000形4両編成の車両も運転されています。また、**新松田～小田原間の区間列車**も4両編成の列車がメインで、各駅に停車する急行列車および新宿方面に直通する各駅停車には6両編成が使用されています（2012年3月のダイヤ改正では新松田ー箱根湯本間の各駅停車は大幅に削減される予定）。

特に箱根登山鉄道の塗色になった3本の1000形は、新松田～箱根湯本間の専用車両であり、この区間限定運用の車両として人気があります。

マメ mamezou 蔵

新松田～小田原間の区間列車……新松田以南では小田原への需要が大きいため列車本数が多いのです。現在は箱根登山鉄道の車両の小田原乗入れが停止されているため、新松田～箱根湯本間は一体的な運用がなされています。

箱根登山鉄道のモデルになったRhB
スイス・レーティッシェ鉄道の略号。総延長が415kmにも及ぶスイス最大の私鉄。サンモリッツ、ダボス、クール、アローサなどスイスを代表する保養地間を結ぶ。山岳区間が多く箱根登山鉄道と姉妹鉄道となっている

スイス南西部に広範な路線網を持つRhB。箱根登山鉄道は1980年からこの鉄道のカラーリングを自社の車両に採用している

急行系停車駅が大きく変化 経堂停車・向ヶ丘遊園通過を設定

以前から急行系列車の停車駅パターンは時間帯での変化がありましたが、特急ロマンスカー停車駅の向ヶ丘遊園駅を通過する列車も登場して、ますます複雑になっています。

急行系の列車種別は３種類

前項でも説明したように、小田急電鉄の現在の急行列車の種別は「快速急行」「急行」「多摩急行」の３種類ですが、同じ種別の「急行」でも時間帯や発着駅によって通過となる駅があるなど変化に富んでいます。同じ急行列車なのに停車するの？　通過するの？　と迷うのが、小田原線新松田～小田原間です。同じ急行列車でも全駅に停車するタイプと同区間がノンストップになるタイプがあり、途中駅で降りる人は停車駅を確かめる必要があります。

これは途中駅のホームの長さが短いためで、原則10両編成の新宿～小田原間の急行は通過、6両編成の相模大野～小田原間の急行は停車という扱いになるのです。また、本厚木～新松田間は「快速急行」「急行」ともに各駅に停車するため、同区間のデータイムには各駅停車の運転がなくなります。

急行列車に投入される新4000形

向ヶ丘遊園駅通過の「多摩急行」

長距離旅客の利便性向上のため「快速急行」は、小田原線下北沢～新百合ヶ丘間が通過となります。同区間の駅は「急行」「多摩急行」「準急」「区間準急」「各駅停車」が受け持っています。また、現在も特急停車駅である向ヶ丘遊園を通過する千代田線直通の「多摩急行」が登場しましたが、急行と各駅停車の連絡の大半が成城学園前駅で設定されています。

マメ蔵 mamezou

千代田線直通列車の種別……現在は多摩急行がメインとなっていますが、乗入れ開始当初は全列車が準急列車でした。車両には9000形と営団6000系が共通運用されていました。

行先表示板。停車駅が細かく案内されている

急行列車も新松田以南の停車パターンが2種類ある

多摩急行

2002(平成14)年に登場した新種別で、都心部とのアクセス向上など、多摩線沿線各駅の利便性強化のために設定された。

乗入れ先の千代田線、JR常磐線では各駅停車として運行されるが、千代田線内の下り列車については「多摩急行」でアナウンスされる。

車両は4000形、東京メトロ6000系、06系、16000系の4形式が使用されている。

国鉄103系電車が小田急の駅に登場

1978（昭和53）年3月31日、当時の営団地下鉄千代田線との相互直通運転が開始され、千代田線乗入れ用の国鉄103系電車が代々木上原駅に姿を現し小田急ファンを驚かせました。

代々木上原駅が大変身

創業時から相対式ホームのみの小さな駅だった代々木上原駅は、営団地下鉄千代田線との相互直通運転を行う接続駅になることが決定すると、徐々にその姿を変えていきました。東北沢から代々木上原に向かっては下り勾配でしたが、東北沢から高架橋を建設して同じ高さにホームを新設することになりました。

小田急沿線から都心へ乗換えなしの一直線で行けるという期待感もあり、進捗する工事を見つめる通勤・通学客の姿が多くありました。高架橋上に2面4線のホーム、東北沢寄りに千代田線用の2線の折返し線を持つ代々木上原駅が完成し、1978（昭和53）年3月31日から相互直通運転が開始されました。旧駅を利用していた人から見ると、新宿駅並みの立派な駅ができたと思えるものでした。

国鉄常磐線の103系電車が登場

相互直通運転は小田急電鉄と営団地下鉄、そして営団地下鉄と国鉄常磐線の間で行われるため、代々木上原駅には国鉄常磐線の103系1000番台が姿を現すようになりました。国鉄と小田急は相互直通運転をしておらず、国鉄車両は代々木上原まで、小田急車両は綾瀬までの運転ですが、代々木上原駅で国鉄103系1000番台、綾瀬駅で小田急9000形という見慣れない車両を目にすることになりました。

特に代々木上原駅では4本の列車が並ぶことがあり、小田急・営団・国鉄の3車種の顔が並ぶ鉄道ファンに人気の駅となりました。小田急も9000形から1000形、そして4000形と乗入れ車両が変化していますが、同様に国鉄（JR）も203系、207系、209系、そしてE233系と計5種類の形式を同駅で見ることができました。

マメ mamezou 蔵
常磐線……首都圏と宮城県の岩沼を結ぶJR（国鉄）の路線です。上野～取手間は直流電化区間で多くの電車が運転されています。この区間の各駅停車は綾瀬から千代田線に乗り入れ、一体的に運用されています。

国鉄マークの車両が登場した代々木上原 小田急線と103系のツーショットが話題に!

国鉄103系1000番台
国鉄を代表する通勤型電車103系の派生形式で、1970（昭和45）年に登場した。不燃化対策や前面貫通扉の設置など地下鉄乗入れに対応した構造が採用された。JNRマークが前面や側面に入るなど、千代田線内でも国鉄車両として存在感を放っていた。1983（昭和58）年に後継形式の203系が投入されると廃車が始まったが、一部の車両は105系に改造され関西の奈良線、和歌山線、桜井線、中国地方の可部線に転属。現在も西日本で活躍を続けている　写真提供:結解喜幸

千代田線の乗入れパターン（1978年当時）

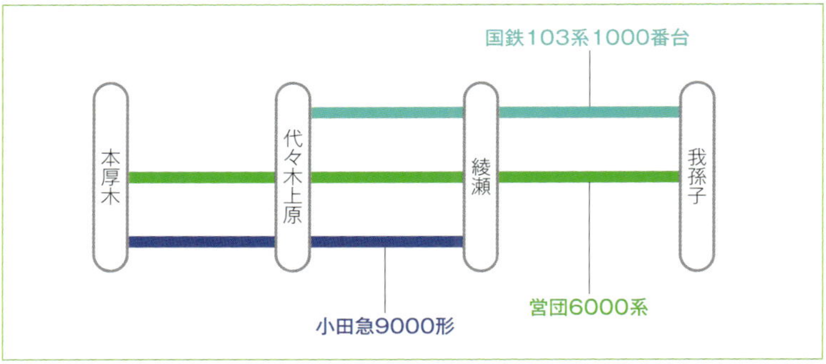

東京東部に直通するロマンスカー

東京メトロ千代田線内を特急ロマンスカーが走り抜ける光景はすっかり定着した感があります。日本初の地下鉄に乗り入れる座席指定制特急MSEは平日と土休日で異なる用途で運用されています。

「青いロマンスカー」のユニークな運転経路

千代田線との相互直通運転開始以降は都心部から代々木上原を経由して小田急沿線に帰宅する仕事帰りの利用客や観光利用においてより快適にご利用いただけるよう計画されたのが特急ロマンスカーの地下鉄線乗入れです。2005（平成17）年5月の計画発表から小田急ファンが心待ちにしていた新ロマンスカー車両が、2007（平成19）年10月に開催された「ファミリー鉄道展」で一般公開されました。画家のフェルメールが好んで使用した青色「フェルメール・ブルー」に、小田急ロマンスカーをイメージする「バーミリオン・オレンジ」の帯を巻いた60000形ＭＳＥで、今までとは違う斬新なデザインが見学に訪れた人たちから好評を博すことになりました。

地下鉄線内の謎の路線を走行

2008（平成20）年3月15日、平日朝の本厚木→北千住間に「メトロさがみ」1本、夕方以降の北千住→唐木田間および大手町→本厚木間に「メトロホームウェイ」計3本が運転を開始しました。土休日は北千住～箱根湯本間に「メトロはこね」が運転されるなど、平日は通勤時の着席サービス、週末は都心からの箱根観光に便利な列車が設定されました。さらに有楽町線新木場駅を発着する臨時特急「ベイリゾート」も運転されるようになりましたが、この列車では通常は乗車できない千代田線霞ケ関駅と有楽町線桜田門駅を結ぶ連絡線を走らせることになり、謎の路線を走るミステリー列車としても話題になりましたが、2011年12月、運転の中止が発表されています。

60000形ＭＳＥは小田急線内の特急列車にも使用されています。

マメ mamezou 蔵

着席サービス……特急料金など追加料金を支払っても快適に通勤したい層に向けたサービスを指します。一部の私鉄では古くから行われていますが、国鉄（JR）も昭和末期から通勤ライナー、ホームライナーの運転を開始しました。

地下の駅でも目を引く、「フェルメール・ブルー」に輝くMSE

60000形の瀟洒な車体

東京メトロ内でのMSEの運転経路

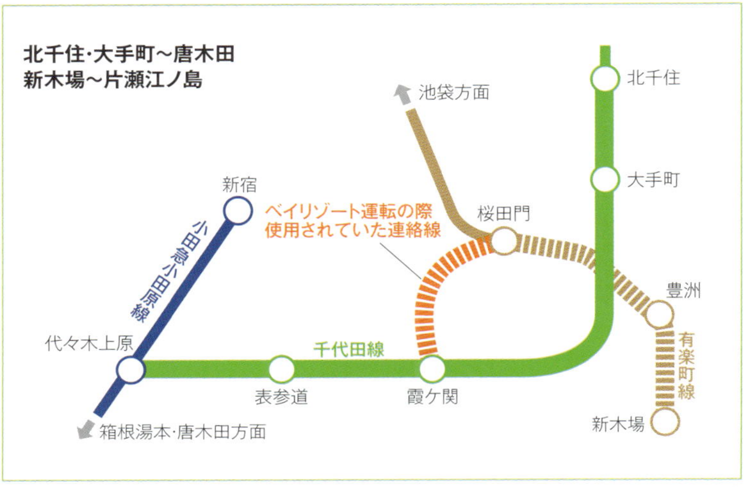

箱根登山鉄道への乗入れを可能にしたひみつの技術

小田急電鉄と箱根登山鉄道は線路の幅が異なる路線です。本来ならば乗入れは不可能なはずの同区間のレールに工夫を施し、箱根湯本までの直通運転を実施したのです。どんな手法を用いたのでしょうか。

小田急創業時からの悲願、箱根直通が実現

小田原急行鉄道では創業時から箱根を重要な観光拠点と考え、新宿～箱根湯本間の直通列車運転が懸案事項になっていました。戦後の大東急（P.64）からの分離独立の際、小田原～箱根湯本間の箱根登山鉄道が小田急の傘下に入ったのが功を奏し、小田急の箱根乗入れが進められることになったのでした。

ところが、小田急の線路幅が1,067mmであるのに対し、箱根登山鉄道は1,435mmと異なっていました。その解決策として内側にレールを1本設置して**三線軌条**とすることが決定しました。さらに架線の電圧が小田急が1,500V、箱根登山は600Vと異なりましたが、小田原～箱根湯本間を1,500Vとして、箱根登山の電車を複電圧対応に改造することにより、小田急創業時からの夢が実現することになりました。

「箱根へは小田急で」が定着

今では当たり前となっている小田急電車の箱根湯本乗入れが開始されたのは、箱根登山鉄道が傘下に入って約2年後の1950（昭和25）年8月1日でした。1カ月後には1910形を使用した特急列車が1往復から3往復に増発され、急行列車と合わせると1日10往復の新宿直通列車が運転されるようになりました。新宿から箱根への旅客は年間22万8,000人でしたが、乗入れ後は42万3,000人に倍増するという好結果となり、小田急の箱根観光の基盤ができあがりました。

翌年2月には転換式クロスシートを装備したデラックスな特急専用車両1700形3両編成を投入し、「ロマンスカーの小田急」「箱根へは小田急で」のイメージを定着させました。創業時の夢が現実となり、さらにロマンスカー車両の開発にも力が入るようになりました。

マメ mamezou 蔵

三線軌条……軌間（レールの幅）が2つの異なる規格の車両を同一の線路上で運転するために、3本のレールを置く方法です。かつてはJR奥羽本線の蔵王～山形間でも採用していました。

悲願の箱根湯本乗り入れを開始
三線軌条の採用は小田急の英知の結集

三線軌条時代の箱根登山鉄道の入生田駅（1953年）。車両は1400形　写真提供:生方良雄

1983年まで箱根登山鉄道には建築限界の関係で大型車の乗入れができなかった。そのため、通勤電車では中型車である2400形の独擅場となっていたが、その後全形式の乗り入れが可能となっている。奥から3本目のレールは脱線防止用のレール

三線軌条（デュアルゲージ）

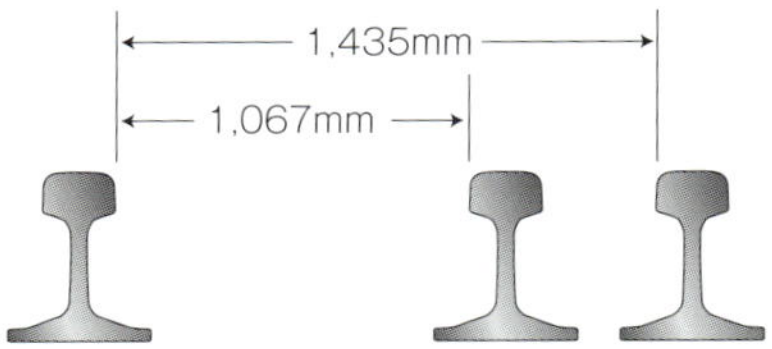

箱根登山鉄道の場合、中央右側にレールを置くことにより、1,067mmと1,435mmの両方の規格の車両の走行を可能とした。現在、箱根登山鉄道の小田原～箱根湯本間（一部区間を除き）は1,067mmのみとなり、1,435mmの車両は箱根湯本～強羅間のみの運用となっている。なお、レールの幅が中途半端な数字なのは、鉄道の規格がインチ法によることに起因しており、1,067mmは3フィート6インチ、1,435mmは4フィート8.5インチである。

3章
小田急の駅

全線70か所に設置された小田急の駅。それぞれの駅には様々な歴史の積み重ねがあり、いずれも個性に溢れています。ここでは小田急の駅の知られざる秘密に迫ります。

新宿駅ヒストリー① 昭和39年までは地上駅だったターミナル

小田急小田原線の起点として、通勤や行楽の利用客で日夜賑わう新宿駅。この駅は当初、地上に４本の線路があるだけの、こぢんまりしたものでしたが、将来を見越した先進的なものでした。

国鉄と隣接した地上駅

小田急の歴史は、1923（大正12）年５月の小田原急行鉄道株式会社の創立で始まるのですが、それ以前から東京と小田原を結ぶ鉄道の構想はありました。当時、新宿駅の設置場所としては山手線の内側、現在の新宿三丁目付近が検討されました。しかし、**鉄道省**（後の国鉄）からの用地払い下げを受けることになったため、現在の位置への建設が決まったという経緯があります。おかげで、山手線などへの乗換えには便利な立地になりました。

当初の小田急新宿駅は地上にあり、４本の線路を配置した行き止まり式でした。この旅客ホームより小田原寄りに貨物ホームがあるなど、現在と様子が大きく異なります。また、駅周辺も西口に現在のロータリーはなく専売局の工場であるなど、現在からは全く想像できない景観でした。

昭和初期の新宿駅。当時の他社のターミナルと比べても全く遜色のない堂々としたものだった
写真提供:小田急電鉄

輸送量増大で限界に達した駅のキャパシティ

戦後の高度経済成長期に入ると、利用客の数は大幅に増加します。小田原線も輸送力増強のために列車の編成を長くし、それに合わせてホームも延長していきました。

1957（昭和32）年当時のホームの長さは約110mまで延び、車体の長さが17mの車両の6両編成まで収容可能でした。この年デビューしたロマンスカー3000形の編成長108mは、このホームに合わせたものでした。

しかし、その後も輸送需要の増加は止まりませんでした。それは、駅を建設した当時の想定をはるかに超え、ホームの延長といった程度の工事では、到底対応できない状況となっていきます。そこで、1960（昭和35）年に抜本的な駅の改良が行われるのです。

マメ mamezou 蔵

鉄道省……1920（大正9）年に発足した、鉄道を所管する機関です。国有鉄道は同省に属し、その路線は一般に「省線」と呼ばれていました。その後、1943（昭和18）年に運輸通信省の所属となりました。

1957年ころの新宿駅のラッシュの様子
写真提供:小田急電鉄

新宿駅ヒストリー❷
地上3線地下2線に改築

年々増大の一途を辿る輸送量に対応するため小田急電鉄は高度経済成長期より新宿駅の大改造に着手。2度にわたる改良工事を経て大きな変貌を遂げていったのです。

地上と地下に分けてキャパシティ拡大

輸送需要の増大に対応し、1960（昭和35）年に小田急はターミナルの新宿駅の大改良工事を開始しました。完成は4年後の1964（昭和39）年で、地上と地下の2層構造の駅に生まれ変わります。線路の数は地上3線、地下2線、ホームの長さは地上がいずれも150m。限られた敷地面積を極限まで有効活用した私鉄屈指の巨大ターミナルの出現に、利用者は大いに驚きました。

さらに、1967（昭和42）年に駅の真上に小田急百貨店がオープンし（現在の新宿西口ハルクの位置からの移転）、都心部の大手私鉄ターミナル駅にふさわしい姿になりました。しかし、その後も利用者数は激増の一途を辿り、早々に輸送力も限界に達してしまいます。そのため、2層式に改良された僅か8年後、1972（昭和47）年に再度の改良工事を始めることとなりました。それだけ、小田急の輸送量の増大のペースは早かったのです。

さらなる輸送量増大による再改良

今度はホームの長さを地上、地下ともに210m確保するための改良で、長さ20mの車両による10両編成に対応します。既に地上と地下の駅が出来上がっている状態からの工事なので、通常の列車運行に配慮しながら進めなければなりません。そのため、完成するのは9年半もの歳月を経た1982（昭和57）年のことでした。

ホーム延長に関連した線路の移設は広範囲におよび、隣の南新宿駅を小田原側に移す工事も実施されています。ちなみに、新宿駅に**自動改札機**が導入されるのは1991（平成3）年のことでした。ラッシュ時のスムーズな乗降を可能にしています。かつては多くの駅員が並んだ改札口の風景は一変しています。

マメ mamezou 蔵

自動改札機……磁気を使用した自動改札機は、1969（昭和44）年に日本で初めて、近畿日本鉄道で試験的に使用を開始しました。現在では小田急をはじめ大手私鉄のほとんどの駅で採用されています。

乗客の激増に対応するため変化を続けた新宿駅 営業しながらの難工事は長期間におよんだ

昭和50年代前半の新宿駅。輸送力の増加のため地下ではホームの延長工事が実施されていた

新宿駅構内図

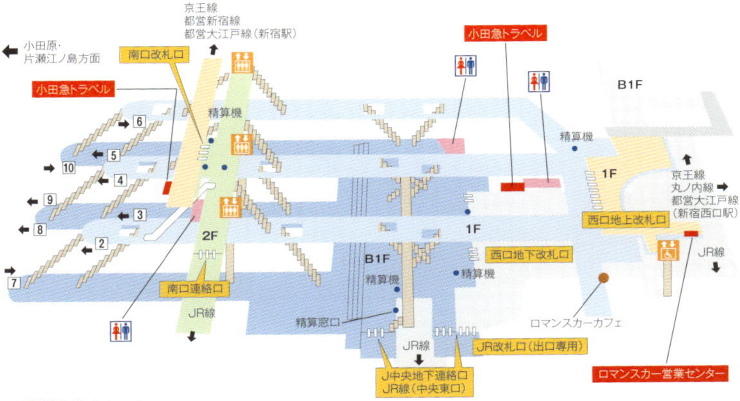

6 7 10 降車ホーム
2 3 特急ロマンスカー
4 5 快速急行、急行、準急
8 9 区間準急、各駅停車

1Fホーム　改札内エリア　改札外エリア　B1Fホーム

2010.4.27現在

新宿駅ヒストリー③
魅力的なショップが続々登場!

開業から80余年が過ぎ、全国屈指の乗降客数を誇るターミナル駅としての貫禄を見せる小田急新宿駅。古くから数々の商業施設が置かれてきましたが、質・量ともに近年ますます充実しています。

新宿の新しい顔「新宿テラスシティ」

2006（平成18）年、駅の西口から南口にかけて立ち並ぶ**小田急百貨店**、新宿西口ハルク、新宿ミロード・モザイク通り、小田急エース、新宿サザンテラス、小田急ホテルセンチュリーサザンタワーの7つの商業施設を合わせ、「新宿テラスシティ」と名付けられました。それぞれの中には各種飲食店、専門店などが入り、駅からのアクセスのよさと合わせ、ショッピングには大変便利です。お洒落で高級なイメージが演出され、小田急沿線はもちろん遠方からも買い物客が訪れます。

毎年冬にはイルミネーションが実施されており、2012年も1月末まで「新宿テラスシティイルミネーション'11-'12」というイベントが開催され、夜間に美しい照明がともっています。なお、このイルミネーションは環境面に配慮し、使用する電力はすべて、自然エネルギー（風力）で発電したものです。

小田急グループの流通部門のフラッグシップショップ「小田急百貨店新宿店」

小田急ならではの魅力

小田急新宿駅構内にも、いろいろな店舗があります。その中で小田急ファンとして絶対に見逃せないのは、地上改札内にあるロマンスカーカフェ。店内の色調はロマンスカーでおなじみのバーミリオン・オレンジに統一されており、ヨーロッパのターミナル駅のように発着するロマンスカーを眺めながら飲食することができます。そして、地下改札の外には小田急グッズを揃えたTRAINSがあります（170ページ参照）。新宿駅周辺には、小田急ランドフローラによるフラワーショップ「小田急フローリスト」が5店舗あるほか、小田急トラベルの営業所が3店舗あるなど小田急グループによる駅利用者への快適なサービスが提供されています。

マメ mamezou 蔵

小田急百貨店………1961（昭和36）年に小田急百貨店が設立され、翌年に現在のハルクの位置に第1号店となる新宿店がオープンしました。現在は新宿、町田、藤沢の3店舗があります。

売店では駅弁が販売されている

地下コンコースにある小田急トラベル

鉄道ファンの至福の空間「ロマンスカーカフェ」

新宿駅ヒストリー④ 安全性向上を目指し可動式ホーム柵設置が決定

時代とともに近代化が進む新宿駅の次なる新しい設備として、ホームの安全性を向上させる可動式の柵が設置されることになりました。これにより、ホームからの転落事故の撲滅が期待されています。

乗客の安全は鉄道会社の最重要課題

2011（平成23）年6月、小田急から「新宿駅急行ホームに**可動式ホーム柵**を設置する」という計画が発表されました。小田急では、全線でホームにおける事故防止策として、列車非常停止ボタン、係員呼び出しボタン、転落検知マットなどの各種の安全設備を段階的に導入してきましたが、さらに安全対策を強化することにしたのです。

対象となったのは新宿駅地上の4・5番ホームで、そこに可動式ホーム柵を設置することにより、乗客が線路に転落する事故を防止する効果が期待されています。2011（平成23）年7月に工事に着工しており、使用開始は2012（平成24）年9月の予定です。

急行などが発着するホームで先行導入

4・5番ホームは快速急行、急行、準急用で、まずはラッシュ時に最も混雑するこれらのホームに柵を設けました。これには、可動式ホーム柵の本格的な導入に向けた技術・運用面等各種課題の検討という目的もあります。工事にかかる費用の一部は国、東京都、新宿区からの補助金を受けます。駅の安全対策は、行政サイドも重視しているのです。

ちなみに、新宿駅の地上ホームは特急、快速急行、急行、準急が発着し、区間準急や各駅停車は入線しません。そのため、ホームにある「次の駅」の表示は代々木上原となっています。一方、地下ホームは主に区間準急と各駅停車が発着するので、南新宿と代々木上原が「次の駅」として表示されています。

マメ mamezou 蔵 **可動式ホーム柵**……ホームドアとも呼ばれている設備で、ホームのふちに設けた柵のことです。小田急では新宿駅4・5番ホームで最初に導入されることになり、その効果が期待されています。

進化を続ける小田急新宿駅。バリアフリーに続いてホーム柵設置に着手

朝10時台の地上ホーム

完成予想図。ホーム柵の設置により、ホーム上の安全性は飛躍的に向上する
写真提供:小田急電鉄

行き先表示器はフルカラーLCDに

新宿駅からは7つの種別の列車が、頻繁に発着しているため、乗客への案内表示は不可欠です。小田急では早い時期からホームや改札口の案内表示を充実させてきました。1982(昭和57)年ごろから反転フラップ式案内表示器を導入。さらに、1995(平成7)年ころからはLED式の表示器が使われていました。近年では液晶ディスプレイ(LCD)が用いられていますが、明瞭で読みやすいことから乗客にも好評です。

自動券売機上に設置されたLCD表示器

小駅だった代々木上原は千代田線との接続により一大運行拠点に

小田急電鉄の主要駅のひとつ代々木上原。地下鉄千代田線と合わせ多数の列車が発着して賑わうこの駅、かつては大変のどかな情景がありましたが、現在は小田急線の主要駅に成長しています。

当初は地味な中間駅

小田急小田原線で新宿を出て4番目、代々木上原駅は同線とともに1927（昭和2）年に開業しました。当初の駅名は代々幡上原でしたが、1941（昭和16）年に町名の変更に合わせ、代々木上原となっています。その頃の駅は地上のカーブの途中にあり、上り線と下り線、それぞれの外側に片面のホームがありました。第二次世界大戦末期の1945（昭和20）年には一時期営業を休止したこともありました。

停車するのは各駅停車のみで、どちらかというと地味な中間駅だったこの駅ですが、1970年代に大きな変貌を遂げます。ここが地下鉄千代田線との接続駅となるのです。

地下鉄乗入れで変わった運命

1972（昭和47）年、この駅の全面的な改良工事が始まります。周囲の土地に余裕がないため工事には長い期間を要し、完成は1977（昭和52）年10月でした。駅の位置は200mほど小田原寄りに移り、さらに高架となり、両面（島式）のホームが2つ設置され、1～4番線を持つ堂々たる規模になっています。そして1978（昭和53）年3月に営団（現・東京メトロ）地下鉄**千代田線**の代々木公園～代々木上原間が開通し、同時に小田急と千代田線の相互乗入れも開始。合わせて、急行および準急も停車するように改められました。

こうして「大駅」となった代々木上原駅、2010（平成22）年度の1日平均乗降人数は22万4,032人となっていますが、これは新宿と町田に次ぐ小田急全駅中の第3位です。なお、この駅は小田急が管理していますが、千代田線の列車が発車する3番線のみ、東京メトロの発車ブザーが鳴るというユニークな面もあります。

マメ mamezou 蔵

千代田線……地下鉄千代田線はJR常磐線、小田急と乗入れをしています。JRと小田急の車両が乗り入れるのは千代田線までで、3社の路線を走るのは東京メトロの車両のみです。

千代田線との接続により激変!
複々線化後の緩急結合機能強化にも期待

2面4線の高架駅となった現在の代々木上原駅

共同使用駅のため上りホームの売店はメトロ、下りホームは小田急が管理している

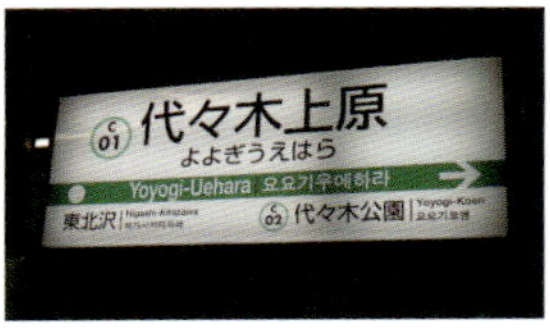

東京メトロのホームの駅名標も小田急仕様

代々木上原駅ホームから東北沢寄りを望む。中央には東京メトロ千代田線の留置線がある

連続立体化により激変する下北沢駅界隈

「シモキタ」の愛称で若者に人気の街、下北沢。小田急と京王井の頭線がクロスする要衝として発展を続けてきました。現在地下化工事が進められており、さらなる発展が期待されています。

若者文化の発信地として発展

下北沢駅も小田急小田原線と同時に1927（昭和2）年に開業し、当初は単なる中間駅でした。1933（昭和8）年に井の頭線が開業し、以来乗換駅として賑わっています。

実は「井の頭線」という路線名は後述する大東急時代の命名で、当初は帝都電鉄でした。これが1940（昭和15）年に小田急へ吸収合併されます。その2年後には戦時統制により京急とともに東急（通称「**大東急**」）に併合。さらに2年後には京王も東急に併合されます。これが戦後の1948（昭和23）年に解体される際、旧帝都電鉄は京王と合わせて京王帝都電鉄となり、京王井の頭線になりました。下北沢には古くから駅前商店街が繁栄し、戦後は周辺に大小の劇場が開業し、若者の文化の発信地として発展していくのでした。

始動した「新たな街づくり」

この駅は小田急が地上、井の頭線が高架にあり、立体交差しています。両線は別会社でありながら、間に改札はありません。かつて連絡駅に中間改札がなかった時代の名残りです。長年若者を中心に幅広い年代層に親しまれてきた「シモキタ」ですが、複々線化事業の実施により、近い将来その姿を大きく変えようとしています。これは街の中心を通る小田急小田原線を地下化して、踏切を廃止するというもので、一日も早い完成を目指し工事は進められています。

そして、2004（平成16）年に世田谷区が「下北沢駅周辺地区地区街づくり計画」を、2006（平成18）年には「下北沢駅周辺地区計画」を策定し、小田急線の地下化後の下北沢駅周辺の新しい街づくりが検討されています。「シモキタ」がどのように変貌するのか、大変興味深いです。

マメ mamezou 蔵

大東急……第二次大戦中の統制下で、現在の東急、小田急、京王、京急、相鉄が東京急行電鉄に集約された時代があります。これを鉄道趣味の世界では「大東急」と通称しています。

文化の発信地として終日賑わう“シモキタ”街の分断解消に伴い新たな発展段階に

2面2線のホームとなっている現在の下北沢駅

1980年ころの下北沢〜世田谷代田間。車両は2600形

下北沢駅の周辺は商業集積度が高い地域で、若者向けのショップも多い

地下化後の下北沢駅

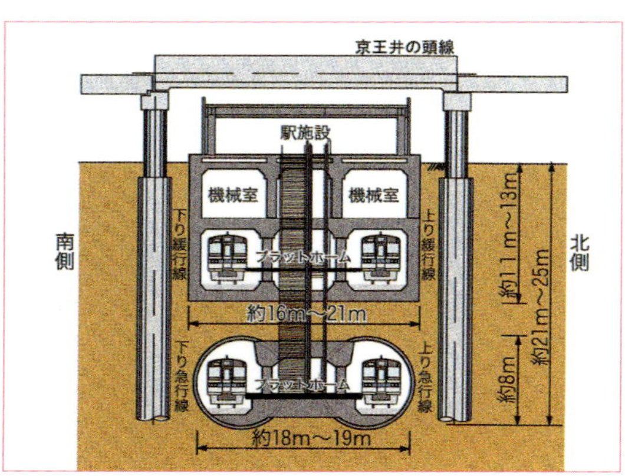

郊外私鉄の雰囲気を残す 世田谷代田も地下化工事が進行中

世田谷代田駅は世田谷区内のお屋敷街にある駅です。駅前ロータリーもなく数軒の商店があるだけのこぢんまりとした駅ですが、現在、連続立体化による工事が進んでいます。

住宅地の真ん中の駅

世田谷区の東に位置する世田谷代田駅の開業当初の駅名は世田ヶ谷中原でした。1945（昭和20）年7月から戦災により一時営業を休止し、翌年6月に再開します。そして同8月には地名とともに駅名を改称し、中原を代田とするとともに、世田ヶ谷の「ヶ」がなくなりました。

各駅停車しか停車せず、大きな団地や商業施設もないため、乗降客は都内の駅としては少なめです。ところが、そのことが幸いし、古くからの駅施設が残っていました。その代表は、上り、下りそれぞれの片面のホーム後方の壁面と一体になった、木製の長いベンチ。樹脂製や金属製と違い、温かみのあるこのタイプのベンチは、かつてどこでも見られましたが、21世紀まで大手私鉄に残ったのは、比較的珍しい例でした。

また、列車編成が長くなった際にホームが延伸された痕跡も残り、世田谷代田は小田急の歴史が肌で感じられる駅でした。

地下化とともに消えゆく名物たち

この駅のもうひとつの名物は、天気のよい日に上りと下りのホームを結ぶ跨線橋から富士山が見えることでした。

しかしながら、複々線化事業にはこの駅も含まれ、**地下化工事**が既に始まっています。そのため、ホーム、跨線橋、改札口などが現在は仮設になり、レトロな木製ベンチも姿を消しました。そんな中、橋上の仮設改札口の窓からは、今も富士山が見え、利用客に喜ばれています。

地下化工事の完了後は、残念ながら駅のホームからは富士山を見ることもできなくなる運命にあります。

マメ mamezou 蔵

地下化工事（世田谷代田駅）……世田谷代田駅の地下ホームの下には優等列車の通過線が設けられます。そのため、地下化されると同駅でロマンスカーをはじめとする優等列車を見ることはできなくなります。

地下化により大きく変貌する住宅街の駅 南北分断の解消による駅周辺の開発も計画中

昭和50年代の世田谷代田駅。23区内の駅とは思えないほどのんびりした雰囲気だった

地下化工事が進む現在の世田谷代田駅入口（仮駅舎）

工事行程の説明

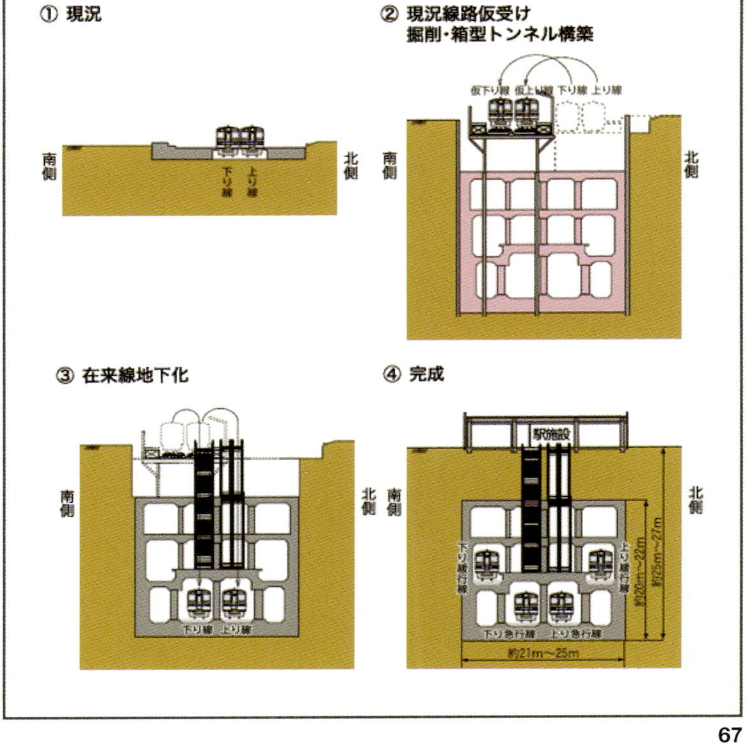

開業当初の昭和モダン建築が残る向ヶ丘遊園

昭和初期からあった向ヶ丘遊園は閉園されましたが、駅名や駅舎は今もそのまま残り、往年の面影をとどめています。小田急開業時の息吹きを伝える名駅舎は鉄道ファンにも高い人気です。

遊園地とともに歩んだ駅

向ヶ丘遊園駅は1927（昭和2）年に稲《いな》田《だ》登《のぼり》戸《と》という駅名で開業しました。その当時の列車種別には各駅停車と「直通」があり、前者は新宿から来て当駅と経堂で折り返しでした。向ヶ丘遊園は、小田急小田原線の開業と同時にオープンしたのですが、当時はこれを駅名としていません。

開業時の向ヶ丘遊園は、木や花が植えられた公園で遊戯設備もなく、茶屋がある位でした。今日の遊園地のイメージとはかなり違い、入園料も徴収していません。1952（昭和27）年になって有料化され、観覧車などの遊戯設備が導入されます。

こうして遊園地らしくなったところで、1955（昭和30）年に駅名が現

昭和20年代の稲田登戸駅　写真提供:小田急電鉄

在のものに改称されたのです。ちなみに、当駅と遊園地を結ぶモノレールは1966（昭和41）年に開業しますが、それまでは豆電車を運行していました。

最後のマンサード型駅舎

月日は流れ世の中の様子も大きく様変わりし、向ヶ丘遊園は2002（平成14)年に閉園となりました。しかし､駅名は現在も変更されていません。開業時は遊園地があるのに別の駅名だったのに対し、現在は駅名が向ヶ丘遊園なのに遊園地が存在しないのです。

そんな向ヶ丘遊園駅の駅舎は、開業当初からの**マンサード型**という様式の建物が、改修を経て現在も使われています。かつて多くの駅で見られた様式ですが、小田急に現役で残っている唯一の駅です。

ちなみに、同じマンサード型だった新松田駅の駅舎は、1980（昭和55）年に向ヶ丘遊園内に移築され、鉄道資料館となっていました。

マメ mamezou 蔵

マンサード型……建築の用語で、妻板が平面（切り妻）で、屋根の斜面途中の折れ目から下で勾配が急になったものを「マンサード屋根」と呼んでいます。なお、小田急のマンサード型駅舎は稲田登戸、新原町田、相模厚木、大秦野、新松田の5駅にありました。

現在の向ヶ丘遊園北口駅舎。マンサード型の駅舎は建築遺産としても価値が高い。天窓がつく昭和レトロのデザインは当時のモダンな様式を今に伝えている

理想的な配線を有する分岐駅・新百合ヶ丘の魅力

新百合ヶ丘駅は小田急小田原線で２番目に新しい駅ですが、川崎市麻生区の中心駅としての存在感は急速に拡大。現在ではさまざまな行き先や種別の列車が発着しています。

戦後に新設された駅

戦争で疲弊した小田急小田原線ですが、戦後になると新しい駅の設置が始まりました。蛍田駅、次いで百合ヶ丘駅が開業します。日本住宅公団がこの地に小田急沿線最大の高層団地となる百合ヶ丘団地を建設し、さらに民間業者による宅地造成も進められることになったため、1960（昭和35）年に駅を開設しました。

それから14年後の1974（昭和49）年、百合ヶ丘駅の西側に、多摩線の起点となる新百合ヶ丘駅が開業します。所在地の地名は万福寺ですが、既に新しい住宅地の名として首都圏内で浸透していた、百合ヶ丘に「新」と冠した駅名が採用されました。

将来を見越した優秀な設計

この駅には両面のホームが3つ、合わせて6つの乗場があります（3面6線）。これらを巧みに使い分け、小田原線の通し列車、小田原線と多摩線の直通列車、多摩線の当駅折り返しの列車がスムーズに発着します。当駅で別の列車に乗り継ぐ場合、大部分が同一ホーム内で乗り換えできるのも、利用者にはありがたいことです。駅の設計段階で、将来の輸送需要を的確に予測して、それを**線路配置**に生かした好例と言えます。

新百合ヶ丘駅の開業後、駅の周辺の開発は大きく進みます。駅の所在地だった川崎市多摩区は1982（昭和57）年に分区され、新百合ヶ丘駅周辺は麻生区となりました。区役所は新百合ヶ丘駅の北側に開設されました。ちなみに、小田原線の駅で最も新しいのは、1985（昭和60）年開業の開成駅ですが、新百合ヶ丘より後に開業したのは開成だけです。現在駅周辺は「しんゆり芸術のまち」としてブランディングが進められています。

マメ mamezou 蔵

新百合ヶ丘の線路配置……中央部の多摩線のホームは列車の待避を可能とするなど、将来を見越した理想的な配線を実現しています。小田急の運行の拠点駅として今後ますますの発展が期待できそうです。

原っぱの中に忽然と現れた巨大ステーション！ さまざまな可能性を秘めている小田急の運行拠点駅

麻生区（新百合ヶ丘駅周辺）の人口推移

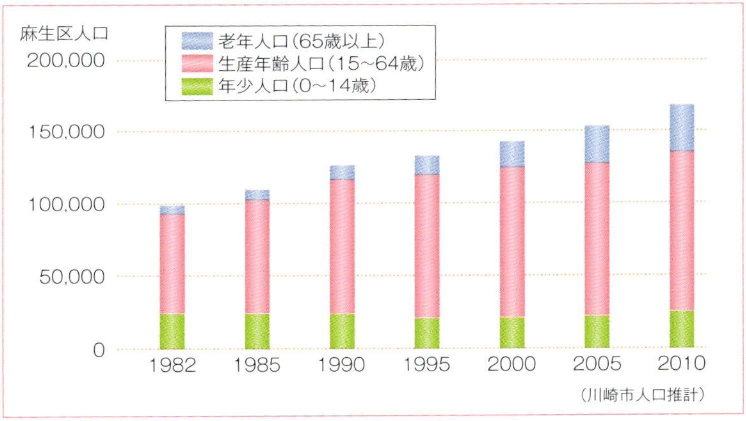

【右】新百合ヶ丘駅近くにある小田急の駅ビル「エルミロード」
【左下】駅北口は駅舎と各商業施設がペデストリアンデッキで結ばれている
【右下】特急ロマンスカーも停車する。多摩線との連絡も取られており、多摩地区の拠点駅となっている

国鉄横浜線の町田駅移設により横浜線とのアクセスが向上

小田急小田原線の中間駅では最も乗降人数が多い町田駅。乗換えのできる横浜線の町田駅とは、別々の歴史を歩んできました。昭和40年代以降の発展ぶりには目を見張るものがあります。

小田急と横浜線で離ればなれだった駅

町田には小田急小田原線とJR横浜線の駅がありますが、それぞれ開業当初は現在とは異なる駅名でした。歴史が長いのは横浜線の方で、1908（明治41）年に当時の地域の名をとり、原町田という駅名で開業しました。この路線は当初は横浜鉄道による営業でしたが、1910（明治43）年に鉄道院が借り上げ、1917（大正6）年に国有化されています。

一方、1927（昭和2）年に開業した小田原線は、**原町田駅**から500mほど離れた所で横浜線と立体交差し、その近くに新原町田駅を設けました。交差する部分に駅が設けられなかったため、乗換客は一旦外に出て2つの駅の間を歩かなければなりませんでした。

小田急とJR横浜線の駅の間には、屋根つきの連絡通路が設けられている

新駅への移行で地域の中核へ

それから時は流れ、横浜線は複線化され徐々に都市圏輸送に組み込まれていき、乗換客はますます増加していきました。そこで、小田急は小田原線の鉄橋の架け換えに合わせて駅舎を改築することになりました。新しい駅は11階建ての駅ビルを持ち、1976（昭和51）年に完成。同時に駅名を所在地の市の名前に合わせ、町田と改称しました。さらに、1980（昭和55）年に横浜線の駅は小田急に隣接した位置に移され、合わせて駅名を町田に改称します。

小田急の町田駅の2010年度の1日平均乗降人数は29万621人と、新宿に次ぐ小田急第2位です。駅ビルには新駅開業から間もなく小田急百貨店が入り、周辺にも多数の商業施設が並び、人々の賑わいが絶えることがありません。

ちなみに、新宿を出た小田急小田原線は、登戸で神奈川県に入りますが、鶴川、玉川学園、町田の3駅は東京都で、次の相模大野から再び神奈川県となります。

マメ mamezou 蔵

原町田……駅名としては過去のものとなったが、現在も町田市内に原町田という町名がある。小田急とJRの町田駅、それぞれの所在地は原町田六丁目と同一丁目である。

現在、町田駅のホーム上部には小田急百貨店があり、3階には百貨店専用改札口がある

緑豊かな郊外都市を目指した林間都市計画（東林間、中央林間、南林間）

小田急江ノ島線では「林間」と付く駅が３つ続きます。住宅やマンションが並ぶ現在のこの地域の景観からは考えられない歴史が、このユニークな駅名のルーツなのです。

新線開業に合わせた沿線開発計画

小田急小田原線の開業から２年後、1929（昭和４）年に江ノ島線が開業しました。小田急電鉄ではこの路線と合わせ、壮大な計画を立てていたのです。その名は「林間都市計画」。大正時代に進められた田園都市開発（田園調布地区）と同様のコンセプトで、延々と林が続いていたこの地を開発することにしました。

具体的には、東林間都市、中央林間都市、南林間都市の3駅の周辺、80万坪を開発しようというもので、住宅地はもちろん、公園やスポーツ施設なども含まれています。また、田園調布と同様に道路を放射状にするように計画されるなど、時代の最先端を行くものでした。

昭和末期になって進んだ開発

この計画に沿って「林間都市」の名が付く３つの駅が開業し、間もなく土地の分譲も始まりました。購入検討のために現地へ来る客には新宿からの往復無料乗車券、土地購入者には優待乗車証、住宅建築者には特別割引回数券を提供するという販促活動も実施されています。当時の鉄道会社は、あの手この手の誘客策を実施していました。林間都市の開発にかけた小田急の意気込みが伝わってきます。しかし、分譲が思い通りに進まないまま戦争が始まり、この計画も断念されます。そして、1941（昭和16）年には3つの駅の駅名から「都市」の二文字を外し、東林間、中央林間、南林間となりました。その後、当初の計画とは異なる形で開発が進み、膨張する首都圏の人口を吸収していったのです。

さらに年月が流れ、1984（昭和59）年には**東急田園都市線**が中央林間まで延伸され、今ではこの地域に住宅地が広がり、神奈川有数のベッドタウンになっています。林間都市計画が半世紀以上を経て実現したのです。

マメ mamezou 蔵

東急田園都市線……かつての林間都市計画の地へ乗り入れた、第2の鉄道が東急田園都市線。渋谷へ直通することから、この地域の利便性が一段と向上しています。

相模台地に忽然と現れた学園都市 先進的な開発コンセプトは都市開発のモデルに

かつての林間都市計画とは異なるものの、著しい発展を続ける中央林間駅周辺

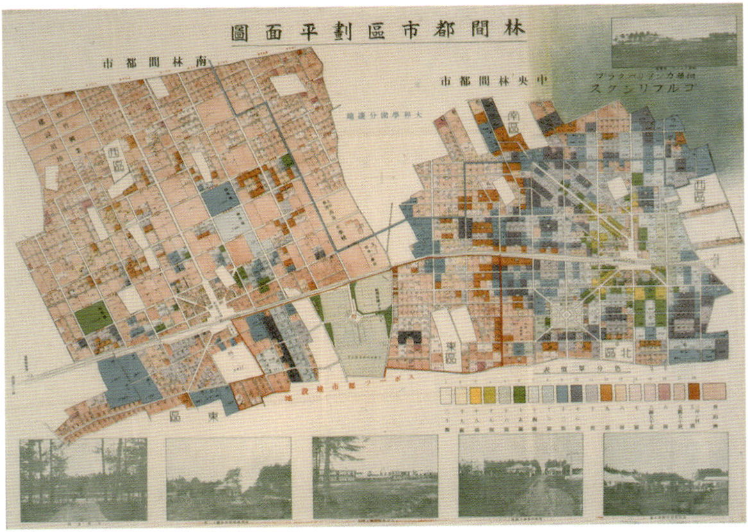

林間都市計画平面図（中央林間・南林間地区）　資料提供:大和市役所

竜宮城風の駅舎が人気の片瀬江ノ島駅

小田急江ノ島線の終点片瀬江ノ島駅は、湘南の名所江の島に至近のロケーション。美しい駅舎が行楽客を出迎えてくれます。新宿から一本で行ける都会のオアシスの表玄関として日々賑わっています。

小田急が独自に付けた駅名

1929（昭和4）年に小田急江ノ島線が開業し、その終点の駅が片瀬江ノ島と命名されました。この地にはその2年前に江ノ電が駅を設けており、片瀬江ノ島から600mほど北方向に位置しています。江ノ電の駅は当初、所在地の地名をとって片瀬駅が予定されていましたが、開業直前に江ノ島と改称しました。湘南地域を代表する行楽地である江の島を駅名に使うことで、観光客の誘致を図ろうと考えたのでした。後発の小田急は江ノ電と同じ駅名にはせず、片瀬江ノ島という独自のものにしました。

ちなみに、1971（昭和46）年には**湘南モノレール**の湘南江の島駅も開業しますが、これら3駅のうち最も江の島に近いのは、小田急の片瀬江ノ島駅です。

80余年の歴史を持つ個性的な駅舎

この駅は3本の線路が行き止まりとなる頭端式です。駅舎には竜宮城のデザインが採用されており、初めて訪れる乗客の多くはその堂々たる様式と美しさに度肝を抜かれます。この駅舎は開業時からのもので、行楽客を迎え入れることに対する、当時の小田急の期待の高さをうかがわせます。江ノ島線の開業当初は、江ノ電とは別に江ノ島電気鉄道という会社が大船から茅ヶ崎までの新線を建設する計画がありました。片瀬江ノ島駅はその予定地と重なるため、将来の移転を前提に仮の停車場という名目で落成したのでした。しかし、この新線は結局実現せず、竜宮城の形の駅舎は現在まで存続しています。片瀬江ノ島と新宿を直結する特急ロマンスカー「えのしま」号が平日は下り4本、上り5本、土日祝日は下り7本、上り8本運転されています。

マメ mamezou 蔵

湘南モノレール……1970（昭和45）年に部分開業、翌年に大船～湘南江の島間全線が開業したモノレール。会社は三菱重工・三菱電機・三菱商事・京浜急行などが合弁で設立した。

頭端駅はターミナル駅の風情
平安朝風の建物は日本を代表する名駅舎

開業当時の駅舎が現存する片瀬江ノ島駅。その鉄道遺産的な価値は非常に高い

小田急の頭端式のホームは新宿駅・藤沢駅と片瀬江ノ島駅のみとなっている
写真提供：小田急電鉄

片瀬江ノ島駅の構内配線図

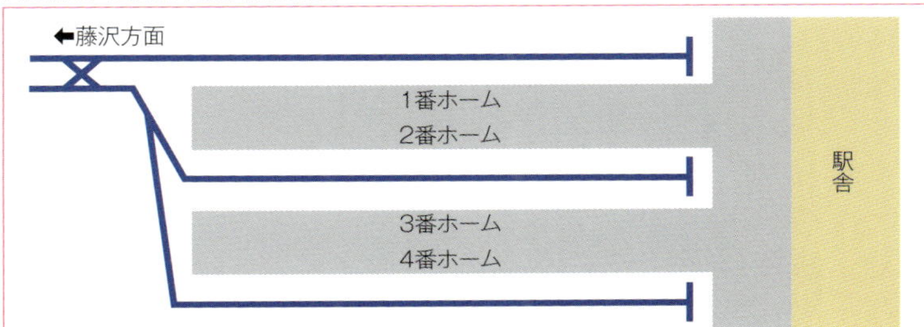

頭端式で4番ホームまである片瀬江ノ島駅

各駅停車10両編成化を目的としたホームの延伸が進む都内の各駅

近郊区間の各駅は複々線化や立体化の範囲の外にありながら、現在ホームの延伸工事が進行中で、近い将来その姿を変えようとしています。

輸送力増強のための各駅停車10両化

通勤電車の混雑緩和のため、小田急は古くからさまざまな施策を展開してきました。その集大成となるのが複々線化事業です。現在進行中の東北沢～世田谷代田間の工事が完成すると、代々木上原～和泉多摩川間が複々線に、和泉多摩川～向ヶ丘遊園間が上り２線、下り１線となります。完成後には複々線と上り２線の区間では、**各駅停車**と急行などを分離した運転が可能となるので、優等列車の高速化と増発も可能となるのです。

立体化や線路改良などでつくり直す駅のホームは、いずれも10両編成に対応した長さが確保されています。これは、現在８両編成で運転中の各駅停車を、急行などと同じ10両編成に増強することを視野に入れたものです。

現在進行中のホーム延伸工事

既に南新宿駅では工事が進められています。この駅はもともと現在より150mほど東側にあったのですが、新宿駅改良工事のため1973（昭和48）年に移設されました。今回はそれ以来の大がかりな工事となるわけです。残る８両編成対応駅のホームも、追って延伸工事が実施されることでしょう。

複々線化とホームの延伸が完了すると、近郊区間の通勤電車は、各駅停車を含め10両編成化が可能となります。また、各駅停車と急行などで車両を共用して運用を効率化できるなどのメリットも生まれます。1980年代までは６両編成だった各駅停車が10両編成になることで、その輸送力は大きく増加することでしょう。

マメ mamezou 蔵

各駅停車……全駅に停車する列車の種別で、各停と省略して呼ばれることもあります。鉄道会社によっては普通と呼称されることもあります。なお、優等列車が運転されない会社や路線では、各駅停車や普通と呼称することはあまりありません。

都心区間の輸送力増強の総決算。各停10両化を予定

ホーム延伸工事が予定されている参宮橋駅ホーム

南新宿駅ではホームの延伸工事が開始されている
写真提供:小田急電鉄

南新宿駅ショートヒストリー

小田急小田原線が開業した当時、新宿駅の次の駅は千駄ヶ谷新田駅だった。この駅は現在の新宿ー南新宿間に設けられており、新宿駅とは600mしか離れていなかった。当時の列車は1両か2両だったので、駅間距離の短さは特に問題なかったようだ。その後、1937(昭和12)年に小田急本社前と駅名が変わるが、小田急が東急に合併された1942(昭和17)年に南新宿となっている。その後高度成長期の新宿駅拡張に伴い駅間が短すぎる南新宿駅は参宮橋寄りに移されることになり、現在の場所に移転した。ホーム上からは新宿副都心のビル群を間近に見ることができる。

新宿―南新宿間にある新宿1号踏切。写真右方向にかつての千駄ヶ谷新田駅があった

現在の南新宿駅。新宿のビル群が見える都会的な駅

小田急で最も新しい駅、はるひ野駅の実力

現在小田急には全線で70の駅があります。その中で最も新しく開業したのが、多摩線のはるひ野駅です。駅が開業したことにより周辺の開発が進み、開業から7年で利用者数は約2.5倍に増加しています。

多摩線沿線の新しい街

2004（平成16）年12月、小田急多摩線の黒川と小田急永山の間に、はるひ野駅が新設されました。これが2012年1月現在、小田急最新の駅です。多摩線はもともと多摩ニュータウンへのアクセスのために開業した路線ですが、住宅・都市基盤整備公団（現・UR都市機構）が新たに多摩丘陵に宅地を開発したことに伴い、同公団が要請してこの駅が開設されました。約80.5haが開発され、駅前に大型ショッピングセンターもオープンしたほか、学校や医療施設なども新設され、新しい街が出来上がっています。そして、2006（平成18）年には、この地域の住居表示が黒川から、はるひ野に改められました。

人と地球環境に優しい駅

はるひ野駅は新しい街にふさわしく、斬新なものになっています。電車からホームに降り立つと、跨線橋を一体で覆った屋根がとても印象的です。そして、駅全体が太陽光を採り入れる設計になっているので、屋根に覆われているにもかかわらず、構内が明るいのも特徴です。

駅を外から眺めると、屋根はゆるやかなカーブを描き、ガラス張りの壁面と相まって独特な雰囲気です。また、地球環境への配慮から、**風力発電と太陽光発電**の設備を導入し、駅設備の電源に活用しています。改めて屋根の上を見てみると、風力発電の風車が回っています。

この駅の1日平均乗降人数は年々増加し、2010（平成22）年度は6,784人（前年比6.3%増）となり、新しい街の中心として定着しています。また、駅周辺には商業施設が多数立ち並ぶようになり様相が変わっています。今後駅南部の開発が本格化する予定で、周辺地域とこの駅の今後ますますの発展が期待されるところです。

マメ mamezou 蔵

風力と太陽光の発電……はるひ野駅には10基の風力発電機と、8枚の太陽光発電（ソーラー）パネルが設置されました。両方の発電設備を持つ駅として大いに注目を集めています。

多摩丘陵に忽然と現れたはるひ野駅
開業以来発展を続ける多摩地区の成長センター

地球にやさしい駅となるべく、風力発電機と太陽光発電パネルが採用されたはるひ野駅

はるひ野駅周辺図

4章

小田急車両の謎に迫る

開業当時30両の旅客車両でスタートした小田急電鉄。現在の車両数は1000両を超える大所帯となり、ロマンスカー6形式、通勤型車両6形式の計12形式が活躍しています。

形式は○○系？○○形？小田急電鉄の車両形式の呼び方は？

車両の形式の付け方は鉄道会社ごとに異なります。一般的には同一のグループをひとくくりとする「○○系」が使われていますが、小田急電鉄の場合は「○○形」を使うのが伝統です。

開業時に登場した１形・100形

小田原急行鉄道の開業に合わせて製造されたのは、新宿～稲田登戸（現在の向ヶ丘遊園）間の近郊区間で使用する１形と、新宿～小田原間の郊外区間で使用する101形の２タイプの車両のみでした。当時の車両形式は国鉄（官設鉄道）、私鉄ともに「○○**形**《がた》」が使用されていました。ところが、戦後になると現在主流の「○○**系**《けい》」という呼び方が登場します。これは車両が**ユニット**を組み、同じ系列で編成を組成するケースが増えてきたためで、同系列の形式を総括して○○系と呼ぶ方がわかりやすいことから、急速に定着していったのです。

現在ではＪＲの新系列電車・気動車・客車は○○系の呼称が主に用いられていますが、小田急をはじめとする一部の私鉄では○○形のみ使用するケースがあります。なお、正式には○○形でも鉄道ファンの間では○○系と呼ぶこともあります。

数字だけでわかる小田急の電動車

ＪＲの電車の車体側面を見ると「モハ103　1」のように形式車号が記載されています。モハ103形の1番目に製造された車両という意味ですが、カタカナはどのような車両かを表す重要なものです。「モ」は電動車（モーターのある車両（小田急は電動車の「デ」を使用)、「ハ」は３等車（１等車からイロハの順）を表しています。小田急でも正式な車両形式名ではデハ4000形、クハ4050形、デハ4350形のようにカタカナと数字が組み合わされていますが、車体には4001、4051、4351のように数字しか記されていません。しかし、小田急では10の位の数字が０～４は電動車、５～９は付随車（先頭車両の制御車を含む）と決まっているので、数字だけでもデハとクハ、サハを判別することが可能です。

マメ mamezou 蔵

ユニット……電車では複数の車両（通常は2両）に機器を分散して搭載するのが一般的ですが、これをユニット方式と呼びます。ユニットを組んだ車両は原則として生涯行動を共にします。

車両形式の呼び方は各社で異なる 小田急電鉄は古くから「系」より「形」を使用

1955年に登場したキハ5000形。なお、ディーゼルカーは電車と異なり「形」を用いることが多い。電車は複数の形式が固定編成を組むのが一般的であるため、編成全体を称する場合には「系」を用いることが多いが（小田急は例外だが）、気動車は単独での運行も可能なため、複数の形式が集合した場合も「系」と称されないこともある。特急型気動車は固定編成化されているので、総称する際には○○系と呼ばれることが多いが、急行型気動車の場合などは「キハ58形+キハ28形の編成」のように表記されることも多い　写真提供:生方良雄

4000形の編成表

1	2	3	4	5
クハ4550（Tc2）	デハ4500（M6）	デハ4400（M5）	デハ4450（T2）	デハ4350（T1）

6	7	8	9	10
デハ4300（M4）	デハ4200（M3）	デハ4100（M2）	デハ4000（M1）	クハ4050（Tc1）

デハは電動車（モーター付きの車両）、クハは制御車（運転台付きの車両）、サハは付随車（モーターなしの車両）を示しています。電動車のうち、M1とM2、M3とM4、M5とM6はそれぞれユニットを組んでいます。車体には番号のみが記載されていますが、10の位の数字で電動車か付随車か判別できます。JRであれば、デハ4500形やサハ4450形などを総称して4000系と呼称しますが、小田急では形式の総称でも形を用いるのが特徴です。

不朽の名車3000形SE

東海道本線上で当時の狭軌世界最高速度を記録した3000形SE。「新幹線のルーツ」とも言われる不朽の名車として語り継がれています。

画期的な軽量高性能新特急車

戦後の新生小田急で将来目標として掲げられた「新宿と小田原を60分で結ぶ」の実現を目指して開発されたのが、1957（昭和32）年7月に満を持して登場した**3000形ＳＥ**です。航空機技術も生かした軽量車体・空気抵抗を減らす超流線形・車両連結部分に台車がある連接台車（174ページ参照）・ディスクブレーキ（136ページ参照）など、当時の鉄道車両における最新技術を導入した画期的な車両でした。同年９月には国鉄に貸し出され、東海道本線で当時の狭軌世界最高速度となる145km/hを記録しています。この時の試験データは国鉄の電車特急時代に弾みをつけ、さらに東海道新幹線開発の基を築くものとなりました。このため、「新幹線のルーツ」とも言われるようになり、日本の高速電車のパイオニアとなる不朽の名車として語り継がれています。

第２の人生は御殿場線乗入れ車

3000形ＳＥは、1957（昭和32）年７月の運転開始とともに大人気となりました。転機が訪れたのは1968（昭和43）年。御殿場線が電化されたため、乗入れ車両として3000形に白羽の矢が立ったのです。８両編成４本は５両編成６本に組み換えられるとともに、勾配の多い御殿場線に入るため台車をひと回り大きなサイズに交換しモーターの歯車比も変更されました。

前面のデザインも変更され、国鉄のような愛称板が付きました。現役を引退後は廃車の予定でしたが、日本の電車史上の重要な車両であることから、小田急の**海老名検車区**に１編成５両が永久保存されています。なお、この編成は車籍は消滅しており、本線上を走行することはできません。

マメ mamezou 蔵

海老名検車区……1972（昭和47）年に開設した検車区で、3000形SEが保存されており、毎年10月に行われている「ファミリー鉄道展」などで公開されることもあるため、鉄道ファンの注目度も高くなっています。

新幹線開発の基となった小田急SE 御殿場線の乗入れ車として平成初期まで活躍

晩年の3000形。この時代は7000形や10000形も登場しており、高度成長期の申し子3000形はやや影が薄い存在であった　写真提供:結解喜幸

8両編成４本から5両編成６本に組み換えられた3000形

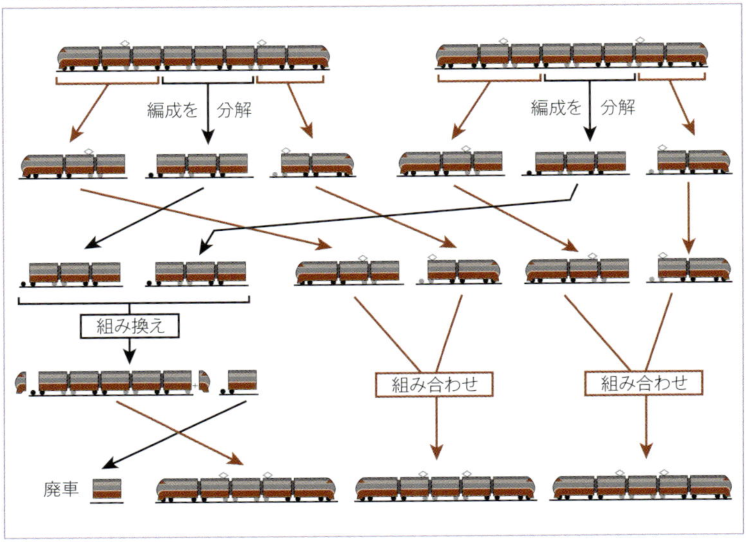

前面展望席が魅力のロマンスカー

3000形SEでは設置が見送られた前面展望席。箱根観光客の増加に伴う特急ロマンスカーの増発用として前面展望席付きで登場した3100形は長い間ロマンスカーのシンボルとして活躍しました。

小田急初の前面展望席

3000形ＳＥでは、客席からの前面展望を考慮した結果、運転台背面のガラスが大きく取られています。この時代から前面の眺望の良い車両は乗客へのサービスになると考えられていましたが、当時は車体の軽量化による高速運転に重点が置かれたこともあり、前面展望席設置は実現に至りませんでした。1960（昭和35）年に箱根エリアを巡る「**箱根ゴールデンコース**」が出来上がると、都心から箱根への観光客が急増して3000形ＳＥの増備が必要となりました。そこで、長年の懸案であった前面展望席のあるデラックスな車両を製造することになり、1963（昭和38）年３月に**3100形ＮＳＥ**がデビューしました。関東エリア初となる前面展望席はすぐに話題の的となり、展望席は発売開始と同時に売切れという人気ぶりでした。

小田急のシンボルとして君臨した3100形。当時から冷房装置が付いていたため、小田急では初の固定窓になった　写真提供:結解喜幸

11両編成で輸送力増強

3000形は連接車体の８両編成でしたが、3100形では連接車体の11両編成にして輸送力を増強することになりました。3000形ＳＥでは見送られた冷房装置を搭載（3000形は後に搭載）したほか、ロマンスカー名物「走る喫茶室」のカウンターを編成内２カ所に設置するなど、車内の快適さや各種サービスにも重点が置かれました。

3100形ＮＳＥ以降、前面展望席を配置するのが小田急ロマンスカーのスタイルとして定着し、増備車の7000形ＬＳＥや10000形ＨｉＳＥ、最新鋭の50000形ＶＳＥにも引き継がれています。なお、30000形ＥＸＥが登場した約３年後に、ＮＳＥは廃車となっていますが、１編成は小田急開業70周年を記念した「ゆめ70」に改造されて話題となり平成12年まで運行しました。

マメ mamezou 蔵　**箱根ゴールデンコース**……箱根湯本から登山鉄道、ケーブルカー、ロープウェイ、箱根海賊船、箱根登山バスで箱根をぐるりとめぐるルートを小田急電鉄ではこのように呼んでいます。

3100形と同時期に登場した名鉄7000系パノラマカー

国鉄のパノラマエクスプレスアルプスをベースに改造された富士山特急（富士急行）

晩年は列車愛称表示器が電光式となった
写真提供:結解喜幸

時代とともに洗練されていくロマンスカー

前面展望席を設置した小田急ロマンスカーの増備車の7000形LSEと10000形HiSE。時代のニーズに合わせたサービスを提供するようになり、ロマンスカーは新しい時代を迎えたのでした。

シャープなマスクが魅力の7000形

箱根特急のエースとして活躍してきた3100形ＮＳＥですが、車両検査時には設備が古い3000形ＳＳＥが箱根特急に投入されるということが問題となっていました。そこで、3100形の登場以来約17年ぶりとなる特急ロマンスカー車両を新造することになりました。そして、1980（昭和55）年12月にリクライニングシートを装備した前面展望席付き車両として登場したのが、7000形ＬＳＥです。3100形と比較すると前面窓の傾斜角が強く、シャープさを強調した前面スタイルとなり、車体と一体化された前照灯・愛称表示器がスマートさを演出しています。また、連接車とボギー車の比較試験のために国鉄に貸し出されたこともあり、東海道本線を走る姿を披露しています。

3100形以来17年ぶりのロマンスカー形式となった7000形。1981（昭和56）年には鉄道友の会が優れた車両に授与するブルーリボン賞を獲得している　写真提供:結解喜幸

側面の車窓が堪能できるハイデッカー車10000形

1987（昭和62）年の小田急開業60周年を記念し、新しいロマンスカーを製造することになりました。そこで、当時の観光バスや鉄道車両で導入されていた**ハイデッカー**（高床）仕様を導入し、前面展望席以外の乗客も車窓の風景が楽しめる10000形ＨｉＳＥが登場しました。

運転台と展望窓を一体化してスピード感を強調するデザインを採用し、塗色もパールホワイトをベースにロイヤルケープレッドの濃淡の帯を配するなど、ロマンスカー新世代をイメージしたものとなりました。座席は背もたれが高くてゆったりとした形状で、車窓風景を楽しみながらくつろぐことができます。なお、ハイデッカー車はバリアフリー対応が困難なため、小田急線内でこの形式の活躍を見ることができるのはあと僅かです。

マメ mamezou 蔵

小田急開業60周年記念事業……1987（昭和62）年10月に開業60周年を迎え、小田急百貨店では大鉄道展を開催。ジオラマなどが好評で、10日間で約2万人のファンが訪れました。

廃車が始まっている10000形。長野電鉄に譲渡された編成もある
写真提供:結解喜幸

現在の7000形。塗色は10000形と同様のものに変更されている
写真提供:結解喜幸

展望席のないロマンスカーが再登場

小田急ロマンスカーのシンボルである前面展望席付きの車両ですが、JR線乗入れ対応および通勤輸送対応などにより、現在では展望席のないロマンスカーも数多く活躍しています。

特別席「スーパーシート」を設置

国鉄時代から小田急車両の御殿場線乗入れが実施されましたが、ＪＲが発足した後は相互に新宿～松田～沼津間の特急列車を運転することがJR東海と協議されました。ＪＲ東海との協議によって車両の規格仕様もほぼ同じにすることになり、前面展望席は設置せず中間に２階建て車両２両を連結し、２階席をグリーン車（小田急線内は**スーパーシート**）とすることが決定しました。

そして、1991（平成３）年３月から新宿～沼津間を結ぶ特急「あさぎり」用の車両として、小田急は**20000形RSE**、ＪＲは**371系電車**が登場しました。20000形ＲＳＥは小田急で唯一の特別席「スーパーシート」がある車両で、乗入れ運転だけでなく箱根特急などにも幅広く使用されています。RSEは2012（平成24）年３月で残念ながら引退することが決定しています。

分割・併結が可能な特急車

小田急ロマンスカーと言えば箱根や江の島などへの観光特急でしたが、通勤圏が拡大するのに伴って通勤輸送にも使用されるようになりました。そこで、座席定員を最大に増やすため、前面展望席を設置しない20ｍボギー車10両編成を投入することが決定しました。通勤用車と同じく１～６号車の６両編成と７～10号車の４両編成で分割・併結ができるスタイルとし、箱根湯本行きと片瀬江ノ島行きの併結なども行えるようにしています。1996（平成８）年３月に運転を開始した30000形ＥＸＥ（Excellent Express）は、通勤時間帯および行楽シーズンの特急列車で定員増の威力を発揮しました。現在は「さがみ」や「えのしま」を中心に使用されています。

マメ mamezou 蔵

371系電車……JR東海の「あさぎり」用車両としてRSE車とともに登場。東海道線幹線のような塗装や流線形の先頭部、ワイドビューが話題を呼びました。残念ながら、近い将来廃止となる模様です。

バブルの残り香漂う平成初期にデビュー 御殿場線乗入れのRSEと分割併結対応のEXE

ロマンスカーで唯一のスーパーシートを連結した20000形。御殿場線ではJRの特急として位置づけられるため、グリーン車に匹敵する設備が必要だった
写真提供:結解喜幸

スーパーシートの車内

分割・併結も可能な30000形　写真提供:結解喜幸

伝統と未来の融合！ロマンスカー・VSE

2005（平成17）年に登場した50000形VSEは新時代の箱根観光特急のエースとして投入された車両です。HiSE車以来17年ぶりとなる前面展望席を復活させたことで、大いに話題を集めました。

伝統の前面展望席が復活

1963（昭和38）年に登場した3100形ＮＳＥに採用された前面展望席は好評を博し、その後の増備車となる7000形ＬＳＥや10000形ＨｉＳＥに引き継がれていきました。御殿場線直通の20000形ＲＳＥや、ビジネスユースや通勤輸送を考慮して登場した30000形ＥＸＥでは前面展望席が見送られたため、小田急ロマンスカーの代名詞である前面展望席付きの車両を望む声が日増しに高まっていきました。

小田急は箱根観光客の要望に応える「箱根特急」に特化した車両を投入することとなり、2005（平成17）年３月に颯爽とデビューを飾ったのが、小田急ロマンスカーのフラッグシップモデルとなる**50000形ＶＳＥ**になります。

未来を感じるデザイン

先頭車両は３次元曲線で構成された流線形で、伝統の前面展望席が復活した未来を感じさせる斬新なデザインとなっています。塗色はシルキーホワイトを基調にバーミリオン・オレンジの帯とグレーの細帯を巻いていますが、これは小田急ロマンスカーの伝統色を新しいタッチで描いたものとなりました。

明るい車内はくつろぎ感のあるデザインで、３・８号車にカフェカウンターを設置しています。４人用の**セミコンパートメント**形式の「サルーン」の設置や廃止になった「走る喫茶室」のシートサービス復活など、まさに箱根への観光客の利用を考慮した設備とサービスを備えています。なお、車体デザインだけでなく、連接構造の台車に車体傾斜制御装置を採用するなど、今まで以上に乗心地と快適さが向上した車両となっています。

マメ mamezou 蔵　**セミコンパートメント**……ドアを閉じることで完全に個室になるコンパートメントに対し、ドアがなく間仕切りのみで区分されるコンパートメントを指す。

現代の日本の鉄道を代表する素晴らしい車両! 小田急ロマンスカーを代表するVSE

現代日本を代表する名車VSE

暖色系を基調とした落ち着きのある車内

展望席

3号車と8号車にはカフェカウンターがある

車内で販売されているVSE弁当

ロマンスカー名物、通称「ミュージックホーン」とは？

小田急が生んだ不朽の名車3000形SEには、補助警報音（通称:ミュージックホーン）が装備され大いに話題を集めました。SE車の人気を不動のものとしたこの補助警報装置とはどんなものだったのでしょうか。

度肝を抜いたピーポー電車

1957（昭和32）年7月6日、小田急沿線に聞きなれない軽快なリズムが鳴り響きました。音の主はデビュー間もない3000形ＳＥでした。通過駅で列車を待っている利用者には、「ポピンポ～ン♪」と響くリズムが耳に飛び込んできました。利用者の多くはどこから音がしているのかわからずに不思議な感覚を覚えたとのことです。ロマンスカーの補助警報音がメロディを奏でることは、すぐに沿線住民に知れ渡りました。沿線には通過時刻を見計らって待ち構える子どもたちの姿が数多く見られるようになりました。いつしかＳＥ車は「オルゴール電車」の愛称で呼ばれるようになりましたが、沿線の子どもたちは「ピーポー電車」と呼ぶことが多かったようです。子どもたちは**ミュージックホーン**の音を聞くにつれ、一度は乗ってみたいと思いを募らせていったのでした。なお、ミュージックホーンはアメリカの鉄道などで鐘を鳴らして走ることから発想されたものでした。運輸省が認可する補助警報装置ではありませんでした。

現在のロマンスカーにも継承

3000形ＳＥではエンドレス方式のテープ再生機でしたが、3100形ＮＳＥではトランジスタ発振器に変更されました。この後に登場する7000形ＬＳＥや10000形ＨｉＳＥにも同様に補助警報装置（電子警報音）が搭載されました。しかし、列車の運転本数が多くなるとともに、小田急沿線には住宅が密集したため、小田急は沿線住民に配慮し補助警報音の使用を停止しました。その後のロマンスカー車両への補助警報装置の搭載は見送られていましたが、最新鋭の50000形ＶＳＥでは補助警報装置が復活（必要に応じて使用）、「オルゴール電車」として親しまれたロマンスカーの歴史を現在に伝えています。

マメ mamezou 蔵

ミュージックホーン……SEで大いに注目を集めたものの、その後他車ではほとんど導入されていない。名鉄のパノラマカー（7000系）が採用したが、2010年全車が引退している。

音楽を奏でるメロディ電車! 小田急名物のミュージックホーンは今なお健在

いつの日もロマンスカーは子どもたちのあこがれだった。ミュージックホーンが奏でるメロディは沿線住民を魅了した　写真提供:羽片日出夫

晩年にデビュー当時に復元された3000形。流麗な車体と鮮やかなオレンジのボディが美しい
写真提供:結解喜幸

全線電化の小田急にディーゼルカー？

創業時から全線が電化していた小田急電鉄ですが、非電化の国鉄御殿場線に乗入れ運転するためにディーゼルカー4両が在籍していました。顔つきは小田急の電車に酷似していたユニークな車両でした。

国鉄御殿場線にも乗入れ

創業以来の懸案であった箱根登山鉄道線への乗入れが実現し、「箱根急行」の夢が叶ったのは1950（昭和25）年８月１日のことでした。これにより、新宿からの直通旅客は年間22万8,000人から42万3,000人へと倍増し、都心から箱根方面への足として定着するようになりました。さらに箱根仙石原や富士五湖方面への観光拠点になる御殿場駅にも着目し、新宿からの直通列車運転が懸案事項となりました。当時の国鉄**御殿場線**は非電化で、蒸気機関車牽引の列車のみでディーゼルカーも入線していない路線であったため、小田急で乗入れ用のディーゼルカーを用意し、新松田駅と国鉄松田駅を結ぶ**連絡線**を設置することで実現が可能となりました。そして、小田急初となるディーゼルカーを使用して御殿場直通運転が開始されたのは、1955（昭和30）年10月１日のことでした。この形式が、御殿場線では初のディーゼルカーとなりました。

２往復から４往復に増強

１日２往復で開始された新宿～御殿場間の直通運転用として、２両のキハ5000形が登場しました。当時の箱根特急と同じオールクロスシートを装備した全車号車指定制の列車として運行していました。御殿場線直通運転は好評を博し、翌1956（昭和31）年には増備車のキハ5100形が登場。夏休み期間は３両編成で対応することになりましたが、さらに増発を望む声に対応するためキハ5100形を増備して、1959（昭和34）年７月から「**銀嶺**」「**芙蓉**」に加えて「**朝霧**」「**長尾**」の愛称を付けた計４往復の列車が運転されるようになりました。しかし、1968（昭和43）年７月１日の国鉄御殿場線電化によって働き場所を失い、小田急におけるディーゼルカー運転にピリオドが打たれました。

マメ mamezou 蔵　**御殿場線**……国府津～沼津間を結ぶ路線（国鉄→JR）。丹那トンネル完成までは東海道本線の一部でした。かつての賑わいは沿線の遺構が教えてくれます。

前面デザインは電車と同一の小田急顔ディーゼルカー

小田急で活躍したディーゼルカー「キハ5000形」

わずか13年間の活躍にとどまった悲運の車両

小田急ディーゼルカーの運転経路

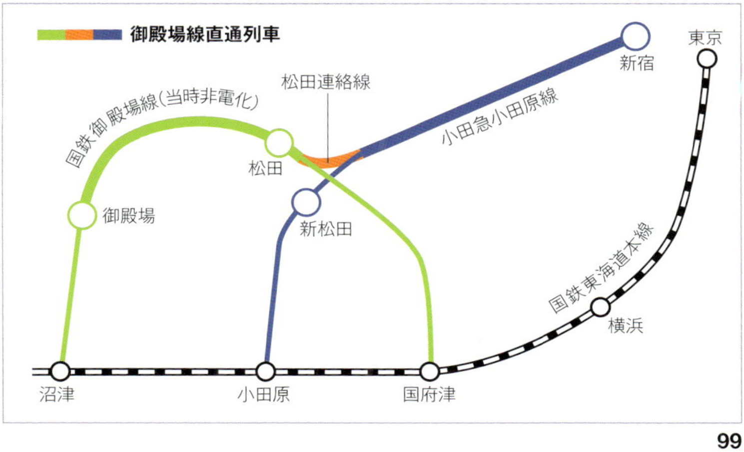

小田急車両の第2の人生

小田急の輸送力増強により廃車となった中型車。整備が行き届いた小田急の車両は各地の地方私鉄で引っ張りだこの人気でしたが、現在は東急や京王の車両に押されているようです。

大型20m車登場で運用離脱

戦後の小田急の通勤用車両は車体長16m、17ｍの中型車が中心でしたが、急激な輸送量の増加に対応するため大型20m車の導入が検討されました。1964（昭和39）年に登場した2600形や旧形車両の機器を流用した改造車の4000形、急行用として登場した5000形の増備が進むと、運用上の制約がある中型車が廃止されることになりました。中型車は1982（昭和57）年から**富士急行**や**新潟交通**に譲渡され、第２の人生を歩み始めました。富士急行へは2200形２両、2220形６両、2300形４両、2320形４両の計16両が譲渡され、同社の5700形として活躍を続けていましたが、1995（平成７）年までに全車両が廃車となっています。

ロマンスカーが快走

地方私鉄の駅で列車を待っていると、小田急のロマンスカーが走ってきて、人々を驚かせることがあります。不朽の名車と呼ばれた3000形ＳＥは展望室付きの7000形ＬＳＥの増備により、1983（昭和58）年３月に第一編成５両が廃車となりました。そこで、静岡県の**大井川鐵道**ではＳＬに並ぶ目玉列車として走らせることになり、同年８月からロマンス急行「**おおいがわ**」として運転を開始しました。また、2005（平成17）年８月には50000形ＶＳＥの登場で余剰となった10000形ＨｉＳＥ２編成が廃車となり、長野県の**長野電鉄**に譲渡されました。同社では４両編成に改造した後に長野～湯田中間の**A特急**「**ゆけむり**」として運転を開始しました。大井川鐵道のＳＥは廃車となりましたが、長野電鉄では1000系として小田急時代と変わらぬ姿で信濃路を快走しています。

マメ mamezou 蔵

長野電鉄のA特急……長野電鉄では通常の特急をA特急と呼び、停車駅の多い特急はB特急と呼んで誤乗防止につなげています。特急料金はどちらも100円です。

小田急の車両への愛情は地方私鉄に受け継がれた

富士急行に譲渡された1900形は、同社の5200形として1977年から1984年まで運転された
写真提供:RGG

秩父鉄道に譲渡された1800形は、1981年から1990年まで同社の800系として活躍した
写真提供:RGG

静粛な走行音を達成した2200形

2200形は小田急初の高性能車として登場したエポックメーキング的な車両です。特に静粛性に優れた高速走行を実現したカルダン駆動方式の採用は大きな話題となりました。

線路の負担を軽減

電車は台車に組み込まれた主電動機の回転を輪軸に伝えて走りますが、古くから鉄道車両の駆動方式として**吊り掛け駆動**が使用されてきました。これは構造が簡単で製造コストが安いためです。しかし、主電動機（モーター）が輪軸と台車枠の間に吊られた状態になり、主電動機の重量の約半分が輪軸にかかってきます。このため、バネ下重量が重くなり、軌道にかかる負担が増え、さらに軌道から車体への衝撃も増加するというデメリットがありました。高速運転を目指しこのデメリットを克服するために、主電動機を台車枠に固定し、自在継手を介して輪軸の歯車装置を駆動する方式が開発されました。

これによりバネ下重量が軽くなり、高速走行時でも軌道や車両にかかる負担が少なく、乗心地の改善や走行音の低減が図られています。1951年から東芝の試作カルダンの実験が小田急線で行われていましたが、これが日本初のカルダン駆動実験とされています。

小田急の新性能電車の礎を築いた2200形　写真提供:羽片日出夫

小田急初の高性能電車

小田急初となる直角カルダン駆動方式を採用した高性能電車として、1954（昭和29）年8月に登場したのが**2200形**です。当時全国的に流行した正面2枚窓を採用したため、スタイルの違いからも高性能電車をアピールしていました。車体・台車の軽量化、そして小型の主電動機とカルダン駆動方式の採用により、高速性能の向上と静かで快適な乗心地を実現しました。当時は特急車を含めて床下からの「ガァ〜ガァ〜」という騒音は当たり前の時代でしたので、2200形は新時代の電車の到来を告げるものでした。なお、2200形の増備車は主電動機の向きを変えたWN駆動方式が採用され、以後の小田急の通勤用電車の標準的な駆動方式となりました。

マメ mamezou 蔵 **駆動方式**……モーターからどうやって車輪へ動力を伝えるかの手段です。最近の主流となっているカルダン方式にも直角、平行などの種類があります。

初のカルダン駆動方式導入 前面スタイルは当時流行の前面2枚窓に

昭和50年代半ばまでは急行列車にも使用されていた湘南顔の2200形　写真提供:結解喜幸

先頭車と中間車で長さが違う2400形HE

1960（昭和35）年に登場した2400形は、4両編成の先頭車と中間車では車体長が3m違うというユニークな車両でした。経済性を重視した先進的な通勤用電車として注目されました。

経済性を重視したMT比

2200形以降の新製通勤用車両は**全電動車方式**（編成の全車両を電動車とする方式）でしたが、製造・保守整備のコストが高いため、簡単には増備することができませんでした。そのため、製造・保守整備コストの低減を図り、経済性の高い車両、4両編成の**2400形**が製造されることになりました。

2200形と同様の加速性能を得るための工夫として、中間の電動車（デハ）の車体長が19.3m、先頭の制御付随車の車体長が15.97mという変則的な構成となりました。これは駆動軸のある電動車を重くして粘着性を高めるためでした。さらに大出力の主電動機や超多段制御が可能な**バーニア制御**器など、最新の技術が投入されていました。なお、2400形には「High Economical」の略となる**HE**の名称が付けられています。

最盛期の2400形。冷房試作改造が行われた車両もある　写真提供：結解喜幸

小田原線の急行で活躍

1960（昭和35）年１月から運転を開始した2400形４両編成は、小田急では、2300形（1954年登場）、2320形（1954年登場）に次ぐ両開きドアが採用され、輸送量が大幅に増加していたラッシュ時のエースとして活躍。新宿～箱根湯本間の急行にも運用されるなど、経済的かつ高性能な車両として小田急の顔となりました。

夏の暑さ対策として運転台後ろのドア戸袋に通風グリルを設置したのも特徴で、後に登場する小田急の非冷房車にも同様のグリルが設置されました。なお、クハ2478の１両のみ冷房試験車となってグリルを窓ガラスに変更し、小田急の通勤用車両で唯一の冷房車として活躍しました。

マメ mamezou 蔵

バーニア制御……主抵抗器のほかに小さな抵抗を持つバーニア抵抗器を組み合わせることで、細かく抵抗の段階を増やす制御方式です。

2400形の室内。ポールがなくすっきりとしている。シートの幅もあり後続形式の2600形よりも格段に座り心地が良かった
写真提供:生方良雄

大量輸送の申し子として 2600形がデビュー

混雑を緩和する決定打として20m車の2600形が登場。さらに旧型車の主電動機を再利用して、車体を新製した4000形も登場しました。

慢性的飽和状態の通勤輸送

2400形の開発時にも急増する輸送量に対応するため20m車の導入が検討されましたが、当時の小田急の駅はホーム有効長が70mであったため、2400形4両編成の長さは70m以内となりました。しかし、輸送量増加は小田急の予想を超えるものであり、ホーム有効長の延長工事（中型車6両対応の105m化は完了）と合わせ、各駅停車は20m車6両編成、急行列車は20m車8両編成で運転することが決定しました。そして、小田急の新製車で初となる全長20m、車体幅2,900mmの2600形5両編成が1964（昭和39）年に登場しました。ホーム延伸工事（120m化）が完了していないため暫定5両編成でしたが、朝ラッシュ時の各駅停車では20m両開き4扉車の威力を存分に発揮することになりました。

112両もの大所帯となった2600形。写真は1968年に登場した百貨店カラー車
写真提供:生方良雄

2600形の車体を増備？

車体幅を**車両限界**一杯の2,900mmに拡大し、車体の裾を絞った2600形の車体は、その後に登場する5000形や8000形にも継承され、小田急の通勤用電車の基本スタイルとなりました。大量輸送の申し子として登場した2600形が活躍するようになった小田急ですが、当時は1200形や1400形など2扉・3扉の旧型車が使用されており、早急な対応を迫られていました。そこで2600形と同等の20m車体を新製し、旧型車が使用していた主電動機を再利用した吊り掛け駆動方式の4000形3両編成の導入が決定しました。1966（昭和41）年から順次改造して通勤輸送の切り札として運用を開始しましたが、その後に廃車となった2400形ＨＥ車の主電動機を譲り受けて高性能化が行われました。

マメ mamezou 蔵

車両限界……車両が安全に走行するために定められた断面サイズのことです。逆に車両にぶつからないよう建物などをつくれる範囲を建築限界と呼びます。

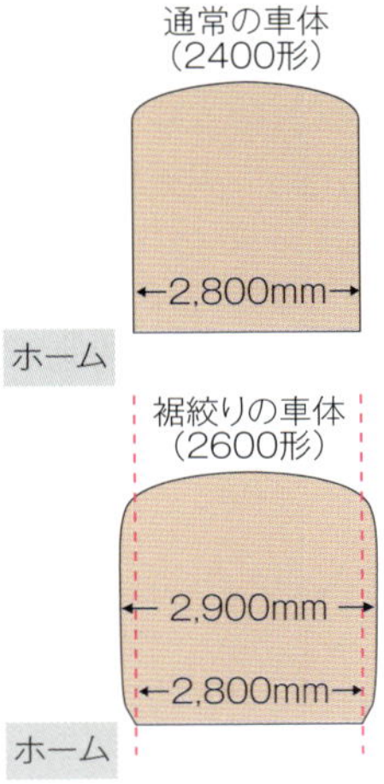

裾絞りと一般的に呼称されるタイプの車体は実際には車体の上部を膨らませて室内空間を広くとっている形です

登場からしばらくは非冷房だった2600形

回生ブレーキを採用した2600形

回生ブレーキは、電車のブレーキが作動した時に、モーターが発電機の役割を果たし、発生した電力を架線に戻すというブレーキ方式です。エネルギーを効率的に利用できることから、その後多くの車両に導入されていきました。

長年の伝統、小田急顔が消滅するって本当？

車両の前面中央部に貫通扉を配置する小田急顔。長年にわたり続いた伝統のスタイルですが、5000形が廃形式となった時点で見納めとなります。

正面スタイルは「小田急顔」

車両のデザインは時代の流れに合わせて変化していきますが、創業当時の小田急の車両は正面が非貫通３枚窓の当時としてはオーソドックスなものでした。昭和10年代には正面中央部に貫通扉を配置するのが国鉄・私鉄で一般化したため、小田急でも1942（昭和17）年に登場した1600形では緩やかなカーブを描く貫通扉付きのデザインが採用されました。

前照灯を屋根上に配置する伝統的なスタイルを踏襲して、中央部に手すり付きの貫通扉を設置した「**小田急顔**」の基本スタイルが出来上がり、さらに戦後の1949（昭和24）年には尾灯（標識灯）を正面上部左右に配置した1900形が登場しました。その後に登場する新製車両は一部の車両を除いて1900形を踏襲しており、いつしか小田急ファンの間から「小田急顔」と呼ばれるようになっています。

時代に合わせたデザインを採用

1900形で確立した「小田急顔」は、当時流行の正面２枚窓で登場した1700形第３編成や2200形、2300形など非貫通スタイルを除いて継承されてきました。1970年代以降は2400形や2600形、旧4000形、5000形などが「小田急顔」で活躍してきましたが、現在は5000形の一部を除いて廃車となっています。その5000形も新世代の車両に活躍の場を譲ることになっており、伝統的な「小田急顔」も間もなく見納めとなります。

なお、地下鉄千代田線乗入れ用として導入された9000形では斬新なデザインが採用されましたが、その時の正面中央に行先表示器、運転台下部左右に前照灯・尾灯を配置した「**新小田急顔**」とも言えるスタイルは、8000形や1000形、新4000形などに引き継がれています。

マメ mamezou 蔵

鉄道車両の顔……鉄道趣味の世界では、車両の先頭部を顔と呼称します。小田急の5000形以前の車両は前面窓が目、種別表示幕が眉、行先表示幕が口のように見え、いっそう顔の趣が強くなっていました。

シンメトリックな前面デザインの一般化により伝統のスタイル小田急顔も時代の流れで消滅間近

現存する最後の小田急顔形式5200形　写真提供:結解喜幸

小田急顔の各部の名称

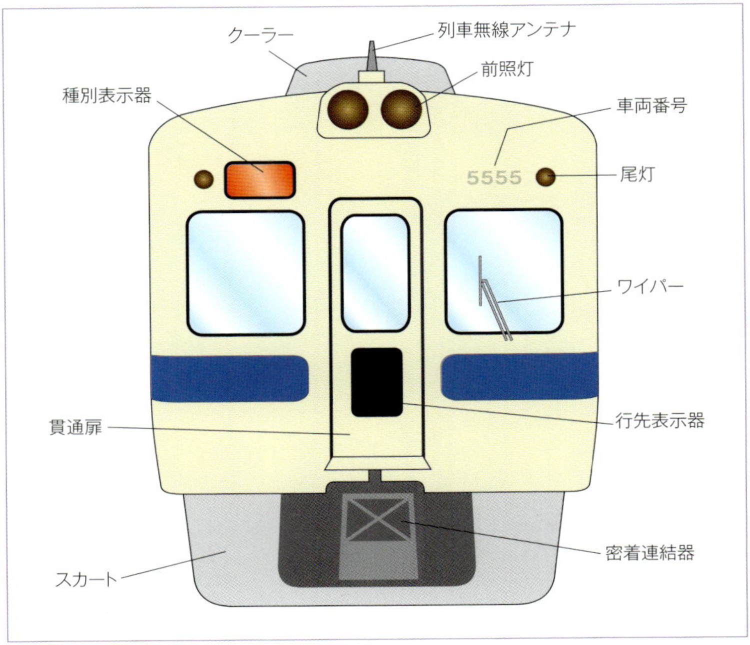

最後の鋼製車体
ブラックフェイスの8000形

大胆な正面デザインが採用された9000形に似たブラックフェイスの8000形。昭和末期世代のこの車両は高い汎用性から、現在も急行から各駅停車まで幅広く運用されています。

通勤車最後の普通鋼車体

2400形など中型車の置換用として登場したのが、正面デザインが小田急顔から9000形似のスタイルになった8000形です。車体中央の上部にあった前照灯が運転台下に、貫通扉にあった行先表示装置が中央上部に移動し、さらに運転台周辺のブラックフェイス化（113ページ参照）で雰囲気が大きく異なっています。この後に登場する1000形以降はステンレス車体になっているため、車体外板をアイボリーに塗装した通勤車最後の普通鋼車体となりました。5000形の後継車となりますが、9000形と同じ界磁チョッパ制御装置の採用など性能アップが図られています。車内デザ

様々な種別で幅広く運用される8000形。6両編成と4両編成があり、チョッパ制御車とVVVFインバータ制御改造車がある　写真提供:結解喜幸

インは小田急伝統の薄い緑色の化粧板と青色の座席モケットという寒色系でしたが、増備車から白色の化粧板と赤色の座席モケットという暖色系となり、以後の新形式では暖色系が採用されるようになりました。

イベント車としても活躍

1984（昭和59）年春に登場した8000形2編成は、白地に茶色・黄色・赤色の帯を階段状にデザインしたイベント車となりました。茶色は小田急創業時、黄色は戦後の特急車両、赤色は特急ロマンスカーの車体色に由来するもので、「走るギャラリー号」として好評を博しました。このほか、向ヶ丘遊園で開催された「蘭・世界大博覧会」に合わせて4編成が車体側面に5色のストライプを入れたデザインとなり、「オーキッド号」として運転されるなど、小田急通勤車の看板列車で活躍していました。1000形以降の車両とサービス設備などを揃えるために順次**リニューアル工事**が行われ、1編成ごとに細かい点で差異が見られる車両となっています。

マメ mamezou 蔵 **リニューアル工事**……体質改善工事とも言います。時代に合わせた内装への改善や設備の拡充などを目的に行われます。工事後は新車のように生まれ変わるため、車両の延命にもつながります。

8000形の車内。登場当時はモスグリーンの壁とブルーのシートの寒色系のカラーリングだったが、現在は赤を基調とした暖色系となっている

小田急のイメージを一新した9000形

地下鉄乗入れ用として新技術が採用された9000形。特に斬新なデザインの正面スタイルはその後の鉄道車両に大きな影響を与えるもので、現在は多くの車両に採用されています。

賛否両論のデザイン

車体中央の上部に前照灯、その左右に尾灯、正面中央に貫通扉を設置した小田急顔と呼ばれるスタイルを見なれた目には、試運転で姿を現した車両が異質なものと映りました。小田急ファンの間でも「カッコイイ」「カッコ悪い」と賛否両論があり、正面スタイルのデザインは話題の的になりました。

実は乗入れ先の営団6000系が左右非対称の斬新な正面スタイルで登場していたため、同じ路線を走る車両としてインパクトのあるデザインや性能が求められていました。丸味と傾斜を付けて屋根近くまで拡大した運転席の窓や、運転台下に設置された前照灯と尾灯、正面中央に付けられた行先表示、車体側面の下降式窓など、その後の小田急車両に引き継がれる基本スタイルとなっていました。

随所に新技術を採用

急勾配のある地下鉄線内を走行するため、地上線を走る従来の小田急車とは異なる新技術が採用されました。地下トンネル内での熱量発生を減少させるため、小田急初となる**界磁チョッパ制御方式**（電動機の磁界の一部をサイリスタで制御する方法）を採用しました。地下鉄線内を走行するため、ブレーキは**回生・発電制動併用電磁直通空気制動ブレーキ**とすることで、小田急線内での急行列車にも使用できる仕様となっています。

なお、5000形に続く形式なので6000形とされるのが一般的ですが、営団の千代田線用試作車を6000系としたため、同じ形式では不都合が生じることになりました。ちなみに、大きく番号が飛んで9000形になったのは、千代田線の計画路線名が9号線であったことに由来するものです。

マメ mamezou 蔵

回生制動方式……一般的に回生ブレーキと呼ばれるものです。電気を効率よく利用するため、ブレーキ（制動）で発生した電力を架線に戻して再利用するので、エネルギー資源の節約につながります。

周囲を驚かせた新しい「小田急らしさ」は今に引き継がれる基本的なスタイルだった

1970年代を代表する車両9000形。地下鉄乗入れがなくなった後は普通列車としての運用も増加した
写真提供:結解喜幸

JR211系。9000形の**ブラックフェイス**（窓の周辺を黒くすることで前面窓を大きく見せるデザイン）は各社に広がりを見せていった

JR水郡線のキハE130系。ディーゼルカーもブラックフェイスは今や常識だ

時代の流れで小田急にもステンレス車が登場

創業時から8000形まで鋼製車体に塗装を施していた小田急車両。地下鉄乗入れ対応の1000形で初のステンレス鋼が採用されました。アイボリーの車体の中でシルバーの車両はひときわ目立ちました。

落ち着きのあるステンレス車体

小田急線と下北沢駅で交差する京王井の頭線をはじめ、昭和30年代後半から東急電鉄や国鉄などで採用されたのがステンレス車体の車両です。腐食に強く、無塗装で使用できるという利点があるステンレス鋼ですが、当初は重く加工しにくいという欠点もあったため、広く普及するには至っていませんでした。小田急でも8000形まで鋼製車体が使用されていましたが、加工技術および材質の向上によりステンレス車体の導入が検討されるようになりました。

そこで、小田急初となる**VVVFインバータ制御装置**を搭載した新世代の車両となる1000形の導入に合わせ、車体にステンレス鋼を使用することになりました。ステンレス鋼といえばギラギラと輝くイメージがありますが、小田急では独特の光沢を消すダルフィニッシュ（梨地）仕上げとして、落ち着きのあるステンレス車体としています。

2.0mのワイドドアが特徴の1000（1500）形

ステンレス時代が到来

初代そして2代目とツートンカラーを採用し、白地に青帯の小田急色が定着していましたが、ダルフィニッシュ仕上げの落ち着いた雰囲気が漂う車体は小田急の新世代車両を象徴するものとなりました。1000形に続く2000形、新3000形、新4000形も同様にステンレス鋼が使用されていますが、1000形や2000形の前面部分は繊維強化プラスチック（FRP）製の成型品を使用しています。

新3000形では1000形よりも車両重量が約11％減となる軽量ステンレス鋼が採用され、車体の軽量化に伴うエネルギー使用効率の向上が図られています。最新鋭の新4000形にも軽量ステンレス鋼が使用されており、小田急の通勤用車両の大半がステンレス車体となっています。

マメ mamezou 蔵
VVVFインバータ制御装置……電車のモーターを動かす電力制御装置のひとつ。電圧、周波数を自由に可変できる交流電力への変換装置です。

登場から間もない1000形。小田急初のステンレスカーは鮮烈な印象を与えた
写真提供:結解喜幸

音の静かな電車として話題に 新2000形の登場

最近の電車の発車時や停車時に床下から聞こえる独特な音。これはインバータ制御装置およびモーターから発生する磁励音と呼ばれるものです。現在は改良が進み静かな音になっています。

ノイズの発生が欠点

電車は床下にある電動機（モーター）を回転させて動きますが、この回転数を制御するのが制御器です。古くから抵抗制御方式が使用されてきましたが、1980年代になるとエネルギー使用効率の向上を目指してサイリスタチョッパ制御方式が実用化され、さらにGTO（ゲート・ターン・オフ・サイリスタ）素子を使用した**VVVFインバータ制御方式**の研究開発が行われるようになりました。小田急では1986（昭和61）年に2600形１両にVVVF制御装置を搭載して試験運転が行われ、その結果を踏まえて1988（昭和63）年３月から営業運転を開始した1000形にGTO素子を使用したVVVFインバータ制御装置が搭載されました。省エネ、加速・減速時の衝撃低減、低コストなど利点が多い半面、高調波による電磁ノイズを発生する欠点がありました。この床下から発生する音を耳障りなノイズと感じる人が多く、改良が必要な問題点となっていました。

IGBT素子の開発

1990年代に入るとプログラムの更新などでGTO素子のノイズを減少させる工夫が施されましたが、それでも耳障りなノイズの発生は抑えられませんでした。その後、電流のON・OFFを繰り返して疑似的に三相交流を作り出すスイッチング素子の速度が速いIGBT（インスレイテ・ゲート・バイポーラ・トランジスタ）素子が開発され、耳障りとなるノイズよりも高い領域まで周波数を上げることができました。小田急では1995（平成7）年に登場した2000形からIGBT素子を使用したインバータ制御装置を搭載し、床下からの耳障りなノイズを軽減させることができました。なお、同時期に製造された30000形ＥＸＥにもIGBT素子が使用されています。

マメ mamezou 蔵

VVVFは何の略？……可変電圧可変周波数のスペル「Variable Voltage Variable Frequency」の頭文字です。

見えない床下機器の開発で快適な車内に

2000形はワイドドア車でもある。2000形が登場した時代は輸送状況が逼迫していたため、ラッシュ時の乗降時分短縮のため投入された　写真提供:結解喜幸

1000形・2000形のドア・窓配置の比較

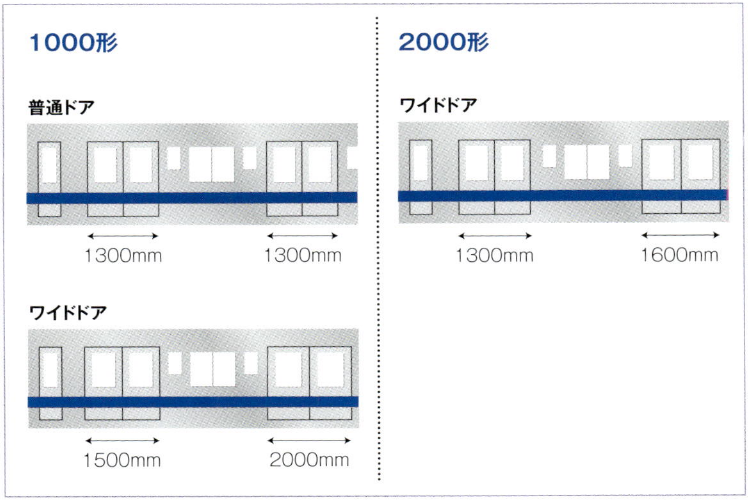

小田急の新世代通勤用車両

前面貫通扉を廃止した新3000形や地下鉄乗入れ対応で10両固定編成の新4000形。形式が2代目となる新世代の通勤用車両が登場しています。

小田急顔を変えた新3000形

小田急の通勤用20m車は、正面に非常用の**貫通扉**があるスタイルを継承してきましたが、2002（平成14）年2月から営業を開始した**新3000形**は、湘南スタイルの2200形以来の非貫通スタイルとなりました。

増備された年度および製造会社によって細かい仕様の異なる車両が登場し、1次車から8次車までバリエーション豊かなものとなっています。特に1次車はラッシュ時の混雑緩和を図るため1.6m幅のワイドドアを採用していますが、翌年度の2次車からは標準的な1.3m幅に変更となりました。また、車体側面の行先表示器は7～8次車がフルカラー大型LED、車内ドア上の案内表示器は4～8次車がLCDモニターを採用。

オールマイティな急行用車両

ＪＲ東日本のE233系をベースに「故障に強い車両」として製造されたのが、2007（平成19）年9月に営業運転を開始した**新4000形**です。東京メトロ千代田線への直通運転用として製造された車両で、全車両が貫通路で結ばれる10両固定編成となっています。

正面スタイルは非常用貫通扉を運転席反対側に設置した独特なスタイルで、新3000形に続く2タイプ目の新小田急顔になりました。当初は千代田線直通の「多摩急行」に使用されていましたが、増備車の登場により小田原線の急行列車にも運用されるようになっています。車体の帯の塗色は従来の「ロイヤルブルー」よりも薄めの「インペリアルブルー」となり、特に車両前面はこの塗色が半分を占め上部にも廻りこんでいるため、遠目にも他形式との違いは一目瞭然です。このスタイルが今後の小田急のスタンダードとなるのかもしれません。

マメ mamezou 蔵

貫通扉……車両の正面（顔）にある扉のことで、ほかの車両を連結したときに行き来する通路となります。また、地下鉄などでは乗客の非常口の役目を果たします。小田急では非常口として位置づけられています。

JR車をカスタマイズした小田急の新時代を彩る通勤車両

新3000形の多彩なバリエーション

	1次車	2次車	3次車	4次車	5次車	6次車	7次車	8次車
製造年度	2001	2002	2003	2004	2004	2005	2005	2006
メーカー	日本車輛	東急車輛·川崎重工	日本車輛	東急車輛	川崎重工	日本車輛	日本車輛	川崎重工
側扉幅	1600	1300	1300	1300	1300	1300	1300	1300
側面行先表示器の発光方式	3色LED(小型タイプ)	3色LED(小型タイプ/川崎重工製は大型タイプ)	3色LED(大型タイプ)	3色LED(大型タイプ)	3色LED(大型タイプ)	3色LED(大型タイプ)	フルカラーLED(大型タイプ)	フルカラーLED(大型タイプ)
室内案内表示器	LED	LED	LED	LCD	LCD	LCD	LCD	LCD
座席	バケットシート	片持ちバケットシート	片持ちバケットシート	片持ちバケットシート	片持ちバケットシート	片持ちバケットシート	片持ちバケットシート	片持ちバケットシート
主電動機定格出力	180kw	180kw	180kw	190kw	190kw	190kw	190kw	190kw

内外装のデザインが一新された新3000形

前面にブルーの部分が多くなり、従来車両とはイメージがかなり変わった新4000形
写真提供:松尾　諭

テクノインスペクター・クヤ31形いったいどんな車両なの？

測定機器類を含めた製造費用が約8億円という総合検測車。架線と軌道の測定を同時に行える小田急の保線の守護神として活躍しています。

列車の安全を守る保線作業

高性能な車両が導入されても軌道や架線に問題が生じれば、安全運行に重大な支障をきたすことになります。このため、列車が運行を停止する夜間時間帯を利用して、軌道検測車が運転されてきました。しかし、従来の車両では軌道の検測速度が25km/hと遅く、架線の検査は人力で行われていたため、架線や軌道の最新の状況を把握するのにかなりの時間と人手を要していました。

そこで、架線と軌道の検測を１両に集約した車両の開発が進められ、2004（平成16）年３月に**クヤ31形検測電車**が登場しました。本線営業運転の列車と同じ**最高速度110km/hのスピードで検測**を実施できるのが最大の特徴で、これまで夜間に限られていた検査が日中に行えるようになりました。

検測作業に活躍するクヤ31形。遠目には旅客車両と見間違える　写真提供:小田急電鉄

車体のベースは3000形

3000形をベースにした正面が非貫通スタイルの車両で、車内に検測機器を搭載するため側面の窓は2カ所、出入口ドアは1カ所しかありません。正面スタイルは3000形ですが、一般公募で決まった愛称「TECHNO-INSPECTOR（テクノインスペクター）」の文字が描かれており、側面のスタイルと合わせて特殊な車両であることがすぐにわかります。

なお、この車両はモーターのない**制御付随車**のため、1000形4両または6両編成を新宿寄りに連結して走ります。日中にホームで列車を待っていると遭遇することがありますが、車内では架線と軌道の状態を調べるためのハイテク装置を使用した検測が行われており、縁の下の力持ちとして活躍する姿を間近で見ることができるのです。

マメ mamezou 蔵

制御付随車……動力分散方式の電車において、制御室（運転席）はあるもののモーターなどの動力を持たないために自走することができない車両のことです。モーターがある場合は動力付随車と呼ばれます。

機器類が並ぶテクノインスペクターの車内　写真提供:小田急電鉄

5章

小田急の歴史

1927（昭和2）年に新宿〜小田原間82.8kmを一気に開業させ全国区の知名度を獲得した小田原急行電鉄。その後も時代に即した斬新で先鋭的な施策を続々と打ち出していったのです。

小田急電鉄の創立者・利光鶴松はどんな人だったの?

小田急電鉄の創業者・利光鶴松は、東京市会議員や衆議院議員を歴任した政治家。東京市街鉄道の敷設出願に参画した後は、実業家として電力事業や鉄道事業に功績を残しました。

弁護士・政治家から実業家に転身

小田急の創業者、利光鶴松《としみつつるまつ》は1863(文久3)年12月31日、大分県大分郡植田《うえだ》村の農家に生まれました。1884(明治17)年2月に上京して小学校の教員になりました。その後、明治法律学校(現在の明治大学法学部)に入学し、弁護士に相当する代言人の試験に合格。東京・神田に弁護士事務所を開設し、政治活動にも参加するようになりました。東京市会議員を経て衆議院議員となり、政治家としての手腕を発揮するようになりましたが、東京市街鉄道の敷設出願に参画したことで、実業家への第一歩を踏み出しました。

その後、利光鶴松は東京市街鉄道(東京市電の前身のひとつ)の取締役や、京成電気軌道(現・京成電鉄)の会長に就任するなど、鉄道事業にも進出。さらに、鉱山開発や鬼怒川水系を利用した水力発電事業も手掛けることになり、1910(明治43)年10月に鬼怒川水力電気を創立しました。この会社が小田原急行鉄道の母体となったのです。

先見の明を感じる鉄道事業

1923(大正12)年5月1日、新宿～小田原間・相模大野～片瀬江ノ島間を結ぶ全長110kmにおよぶ鉄道建設を計画し、小田原急行電鉄を設立しました。ここでも実業家としての手腕を発揮して資金調達を図り、新宿～小田原間の長距離路線を僅か1年半で完成させました。車両は当時は珍しかった鋼製車とし、線路は米国**テネシー社**製、電柱はすべて鉄柱、全線複線化を実施するなど、将来の乗客増加を見越したさまざまな設備投資を行いました。昭和金融恐慌の影響で苦境に立たされましたが、現在の小田急の姿を見れば利光鶴松の実業家としての先見の明を感じることができます。

マメ mamezou 蔵

テネシー社……1852年に創業したアメリカの製鉄メーカーで1902年からレール製造に進出しています。当時は日本でもこの会社のレールを採用した会社が多かったのです。

進取の気風に富む小田急電鉄の社風を確立 その経営手腕は現在も高く評価されている

明治～昭和初期に活躍した実業家・利光鶴松（1863～1945）。実業家として活動する傍ら政界進出の思いも熱く、民主派勢力の一本化を企図する「大同団結運動」の参加などを通じて政界入りを果たし、代議士時代は憲政党幹事を務めたこともある　写真提供:小田急電鉄

当時としては珍しい全線複線電化で開業した小田原急行電鉄。木造車が大半だったこの時代、鋼製車で統一したことも特筆に値する
写真提供:小田急電鉄

全国的な話題となった鉄道建設 着工から1年半のスピード工事

小田原急行鉄道は開業時から非常に知名度の高い鉄道でした。その理由は、全長82.5kmの路線を建設着工から僅か1年半ほどで開業させたことにありました。

あの手この手の資金調達

小田原急行鉄道の建設計画で重要なポイントとなったのが、東京～小田原間を結ぶ東海道本線・熱海線の存在でした。官営鉄道の幹線を相手に競争を挑むことになるため、同区間を一気に開通させることが必要不可欠でした。計画段階から箱根や湘南海岸への観光路線を目指し、沿線の宅地開発・私立学校の誘致による利用者の確保も見込んでいました。

そして、宅地開発や学校誘致において土地を売却することで建設資金を得るという手法も採用されました。開業当初から設置された成城学園前駅や玉川学園前駅では、小田急が駅周辺の宅地分譲を行い、その資金を利用して学校を建設するという手法が用いられました。

当時では考えられないスピード開業

新宿～小田原間および相模大野（当時は分岐点）～片瀬江ノ島間の鉄道建設を目的として、小田原急行鉄道が創立されたのは1923（大正12）年5月1日のことでした。資金調達の目処がついたことから1925（大正14）年秋に小田原線の敷設工事に着手し、1年半後の1927（昭和2）年4月1日に新宿～小田原間82.5kmで営業運転が開始されました。現在の大手私鉄の歴史を見ても**建設の期間**が1年半で82.5kmの全線を一気に開通させた例はなく、新聞にも大きく掲載されるなど国民的な話題となりました。

なお、計画当初は新宿～稲田登戸（現在の向ヶ丘遊園）間が複線、稲田登戸以西は単線とされる予定でしたが、開業半年後には将来の輸送力増強を見越して全線複線化が完成。1929（昭和4）年4月1日には相模大野～片瀬江ノ島間27.3kmの江ノ島線も開業し、箱根や湘南海岸への観光利用をアピールするようになりました。

マメ mamezou 蔵

鉄道建設の期間……鉄道建設では橋梁、トンネルの建設など時間がかかる工事も多いので、82.5kmの路線を1年半で開業させたのは、当時としても驚異のスピード開業でした。

将来を見越した高規格路線として開業 スピード開業が全国的な話題に

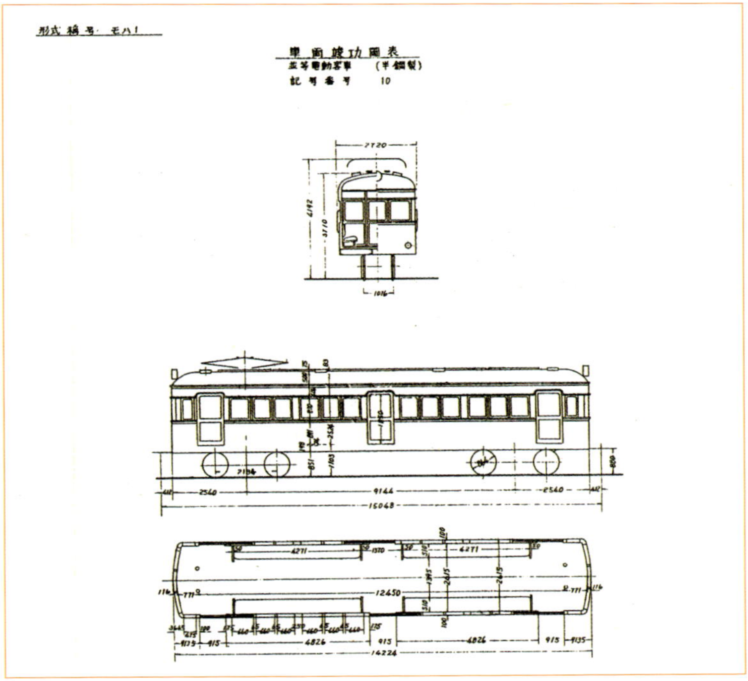

開業時の車両1形の図面

小田急線の開業年月日

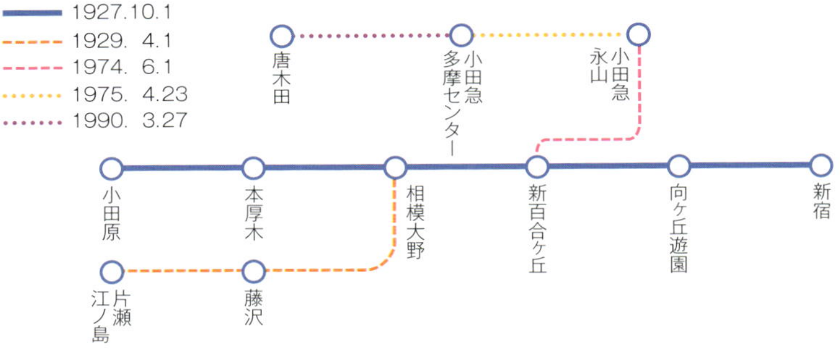

井の頭線は小田急の系列会社として開通したって本当？

井の頭線は、城西電気鉄道が免許を取得した路線でした。建設資金難から小田原急行鉄道の傘下に入り、帝都電鉄として開通しました。ところが、戦後になると小田急と別の道を歩んでいくのです。

資金調達が困難なことから小田急傘下に

1927(昭和2)年、山手線の外側に環状路線を建設する目的で設立されていた東京山手急行電鉄に免許が交付されました。ところが、折からの昭和金融恐慌の影響もあり、同社は建設資金調達が難しい状況に陥ります。同様に渋谷～吉祥寺間の免許を取得した城西電気鉄道（後に渋谷急行電気鉄道と改称）も建設の目処が立たず、両社とも小田原急行鉄道の傘下に入って合併。東京郊外鉄道と社名を変えて着工の機会を待つことになりました。

ところが、小田原急行自体も小田原線や江ノ島線の建設で膨大な資金を使ったため、経営的には必ずしも楽な状況ではなく、新線の建設資金の捻出は厳しい状況でした。

そこで、資金的に建設が可能で収益が見込める渋谷～吉祥寺間を優先させることにし、社名を「**帝都**電鉄」として1933（昭和8）年8月に渋谷～井の頭公園間、翌年4月には井の頭公園～吉祥寺間を開通させたのでした。そして、1940（昭和15）年5月には経営の合理化を図るため小田原急行鉄道に合併され、小田原急行帝都線となったのでした。

戦後は京王帝都電鉄として再スタート

日中戦争の拡大によって戦時体制が強化されると、交通事業の統制や電力事業の国家管理が進められ、小田急、京王、京急などは東京急行電鉄（**大東急**）に吸収合併されました。戦後になると大東急は解体されることとなりましたが、井の頭線（大東急時代に線名変更）は、経営基盤が弱い京王電気軌道に移管されることとなり、1948（昭和23）年6月に京王帝都電鉄となりました。同社は長らくこの社名を名乗っていましたが、1998（平成10）年7月に京王電鉄と社名変更。井の頭線のルーツとなる「帝都」の文字が消滅しています。

マメ mamezou 蔵

帝都……戦前に使用された東京の別称です。戦後はほとんど使用されなくなりましたが、東京メトロは近年まで帝都高速度交通営団を名乗るなど、社名などに残存するケースもありました。

小田急と同一規格により開業した井の頭線 歴史のいたずらで現在は京王の幹線に

下北沢では井の頭線との乗換えがスムーズ。これも、かつて小田急と井の頭線が同一会社だったことに起因する。上に見えるのは井の頭線ホーム、下は小田急線

複々線工事が完成すると、現在の小田急の駅舎とホームは撤去される

戦時中に東急傘下に入った関東西部の私鉄

小田原線と井の頭線を結ぶ連絡線「代田連絡線」

東京大空襲で壊滅的な被害にあった井の頭線の車両不足を補うため、代田連絡線が敷設されました。僅か７年間で廃止されましたが、小田急電鉄の歴史を語るうえでは欠くことのできない路線です。

戦争で壊滅的な被害を受けた井の頭線

山の手地区にも甚大な被害をもたらした1945（昭和20）年５月の（第二次）東京大空襲では、井の頭線の永福町車庫が被災。29両の電車のうち23両が消失し壊滅的な被害を受けました。ところが、井の頭線は他線と線路がつながっていなかったため、被災車両の搬出や車両の補充がスムーズにいきません。そこで、線路幅が同じ1,067mmの小田原線との間に連絡線を敷設し、車両の搬入・搬出を行うことになりました。これは、当時の世田ヶ谷中原駅（現・世田谷代田駅）と代田二丁目駅（現在の新代田駅）を結ぶもので、代田**連絡線**は下北沢寄りに弧を描くように敷設されました。

同年６月に完成した代田連絡線は、架線の材料に軟鉄、橋梁の橋台に枕木を使うなど、まさに突貫工事で建設された簡易路線でした。この短絡線により井の頭線の運行に必要な車両の借入れや小田原線経堂工場での車両修復が可能になったため、被災１カ月後には井の頭線の運転が再開されたのでした。

戦後の宅地化で廃線跡も消滅

戦時中の応急処置で敷設された代田連絡線は、1948（昭和23）年６月の大東急解体によって京王帝都電鉄の所属となりました。戦後も各社で車両不足が続いていたため、この連絡線は井の頭線への新車・戦災復興車の搬入ルートとして残されていました。しかし、戦時中のどさくさで土地を確保していたため、世情が落ち着いてくると地主からの返還請求が強まっていきました。その結果、1952（昭和27）年に使用停止。翌年にはすべての設備が撤去されました。その後の宅地化によって同区間の廃線跡も消滅してしまいました。

マメ mamezou 蔵

連絡線……異なる会社、路線間を結ぶために建設される路線で短絡線とも呼ばれます。小田急線には小田原線とJR御殿場線を結ぶ松田連絡線があります。時刻表にも載らない幻の路線として鉄道ファンにも人気です。

戦争の副産物だった代田連絡線
周辺の都市化によりあえなく廃線に

現在の代田5丁目（旧・代田2丁目駅付近）。写真中央部の道路を代田連絡線が横断していたというが現在はその痕跡を偲ぶものはほとんどない

新代田駅ホームから旧・代田連絡線の分岐点付近を望む

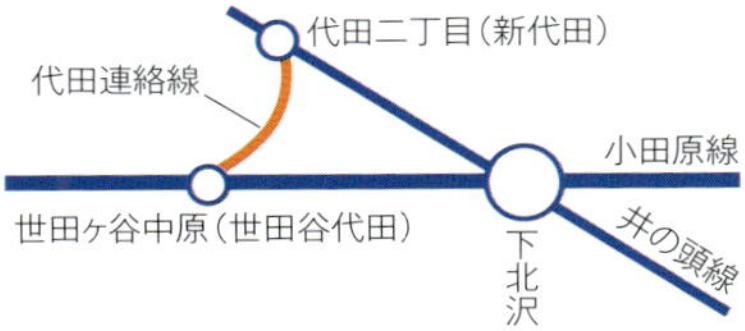

現在の世田谷代田駅。かつてここから分岐する連絡線があったが、現在は住宅に埋め尽くされており当時を偲ぶものは全く残されていない。もし、この連絡線が現在も残されていたら、吉祥寺発箱根湯本行きのように両線を通して運転される列車があったかもしれない

車両不足解消のため
国鉄電車が入線

太平洋戦争は首都圏の鉄道にとって受難の時代でした。戦時中の空襲で被災した車両も多く、さらに故障も続出して車両不足が深刻化しました。そんな中、国鉄向けのモハ63形が小田急に払い下げられました。

戦後は深刻な車両不足が発生

終戦直後は戦災の影響および物資の不足により、まともな状態で動ける車両がほとんどない状況でした。そこで、運輸省傘下の鉄道軌道統制会では私鉄に対し国鉄のモハ63形を割り当て、置き換えられた小型車を地方私鉄に譲渡する行政判断が行われました（一部のモハ63形は大手私鉄用として新製）。当時の東京急行電鉄に対しても20両が割り当てられ、20m車が運行できる小田原線・江ノ島線・厚木線（現在の相鉄本線）で運用することになりました。

1946（昭和21）年10月から東急1800形としてデハ1801＋クハ1851とデハ1802＋クハ1852の2編成が運行を開始しました。当時の小田原線・江ノ島線は16m級の車両が使用されていましたので、車体の大きな1800形は通勤時間帯のエース的な存在となり、国鉄の設計車両らしくその大量輸送性を発揮していったのでした。

切妻車体が特徴的だった1800形（車体更新後）。写真は1968年4月に経堂—千歳船橋間で撮影したツートンカラー時代のもの　写真提供:生方良雄

小田急初の20m車として活躍

大東急時代に20両が割り当てられたモハ63形は、1947（昭和22）年11月の相模鉄道の経営委託解除により同社に6両が譲渡されました。さらに国鉄の戦災車の払い下げを受けて復旧整備した2両と、名古屋鉄道に割り当てられた車両を購入した6両を加え、計22両の1800形が小田急車両として活躍を始めました。戦後の復興期の輸送力確保に貢献した車両ですが、1957（昭和32）年から**全金属製**の車体に載せ換える更新修繕が行われました。モハ63形の正面スタイルは非貫通でしたが、更新時に小田急顔へと変身しています。その後、1800形8両編成は朝ラッシュ時の貴重な戦力になっていましたが、1981（昭和56）年7月に全車両が引退しました。

マメ mamezou 蔵

全金属製……車体の骨組みや外板などに金属を用いるものの、内装には木材など非金属を使用する半鋼製車に対して、内装も含めて（シートモケットは除く）金属化された車両を指します。

新宿駅（改良前）の2番線と3番線で並んだ稲田登戸行きの1800形（左）と急行箱根湯本行きの2000形（右）　写真提供:生方良雄

一度限りとなった国鉄車両の譲受

小田急と国鉄は軌間、電気方式、電圧が同一ながらも路線の特性が異なるため、国鉄の車両の導入は1800形が最初で最後でした。

戦後復興を告げた特急のノンストップ運転

大東急から分離独立した小田急電鉄は、新生小田急の意気と、新宿～小田原間の需要を喚起するノンストップ特急の運転を計画しました。そんな中、復興整備車1600形が登場するのです。

復興整備車の1600形が誕生

大東急から分離した新生・小田急電鉄が誕生したのは1948（昭和23）年6月。戦災車両の復興整備が重要な課題になっていましたが、同社では当時、最新鋭車両であった1600形を少ない資材のやり繰りで整備され、車体前面と側面に「復興整備車」のプレートを付けて運転が開始されました。

また、当時の小田急は財政的な基盤の確立も急がれていました。そこで、新宿～小田原間の乗客を増やすことが提案され、戦前の「温泉急行」を復活させる形で、同区間をノンストップで結ぶ特急運転が計画されました。分離独立から約4カ月後の10月16日、復興整備車の1600形を使用して土曜の午後に下り1本、日曜の午前に下り1本、午後に上り2本（祝日は上り1本）の運転を開始したのです。新しい特急列車の運転は小田急の新たな象徴となったのでした。

好評を博した週末特急

通勤タイプの1600形2両編成を使用して運転が開始された週末特急ですが、新宿～小田原間ノンストップという運転が好評を博し、本格的なロマンスカー運転の礎を築くことになりました。通勤車両をそのまま使用するのでは特急の名が泣くということで、土曜日の朝ラッシュ時の運転が終わるとすぐに経堂車庫に入庫し、念入りな清掃が行われました。さらにすべての座席に白いシーツをかけ、灰皿スタンドを設置して特別車両を演出していました。

翌年には10両の新車製造が割り当てられましたが、**セミクロスシート**を装備した本格的な特急用車両を製造する機運が高まったのも、週末特急運転の努力と実績が実を結んだものと言えます。

マメ mamezou 蔵

セミクロスシート……ロングシートとクロスシートを組み合わせた座席配列を指します。ドア周辺をロングシートとし、それ以外の箇所がクロスシートとなるのが一般的です。

戦後復興の礎を築いた1600形 小田急で引退した後も全国の私鉄で活躍

1952年頃の1600形。写真提供:生方良雄

シート配列（概略図）

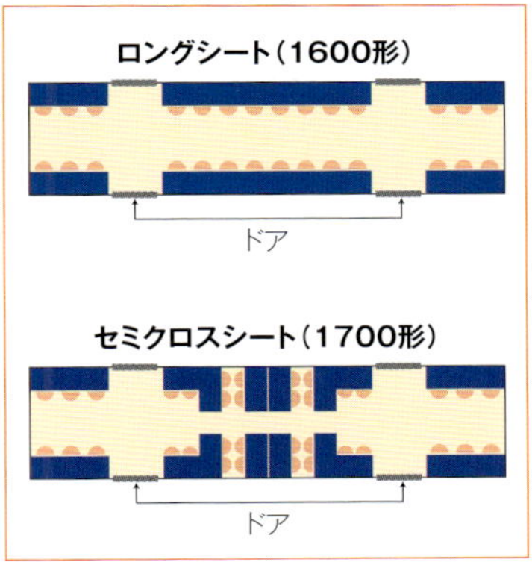

引退後も各地で活躍した1600形

東急デハ1601➡小田急デハ1601（初代）➡小田急デハ1602（2代）➡近江クハ1202
東急デハ1602➡小田急デハ1602（初代）➡小田急デハ1601（2代）➡円福寺「たけのこ文庫」
東急デハ1603➡小田急デハ1603➡（車体のみ）近江モハ202
東急デハ1604➡小田急デハ1604➡（車体のみ）岳南モハ1601
東急デハ1605➡小田急デハ1605➡（車体のみ）三岐モハ140➡近江モハ205
東急デハ1606➡小田急デハ1606➡（車体のみ）岳南モハ1602
東急デハ1607➡小田急デハ1607➡（車体のみ）岳南モハ1108
東急デハ1608➡小田急デハ1608➡岳南クハ2601
東急デハ1609➡小田急デハ1609➡（車体のみ）近江モハ201
東急デハ1610➡小田急デハ1610➡（車体のみ）近江モハ203
（小田急クハ601➡）東急クハ1651➡小田急クハ1651（初代）➡小田急クハ1652（2代）➡関鉄キクハ3
（小田急クハ602➡）東急クハ1652➡小田急クハ1652（初代）➡小田急クハ1651（2代）➡関鉄キクハ2
（小田急クハ603➡）東急クハ1653➡小田急クハ1653➡関鉄キクハ4
小田急クハ1654➡関鉄キサハ67
小田急クハ1655➡関鉄キクハ1
小田急クハ1656➡関鉄キサハ66
小田急クハ1657➡近江クハ1201
小田急クハ1658（譲渡歴なし）
小田急クハ1659➡岳南クハ2106
小田急クハ1660➡関鉄キサハ65

新車投入ラッシュが続いた昭和30年代

車体・台車の軽量化や小型電動機の採用、駆動方式の変更による高性能車が登場。高度経済成長の波を受けて新車開発が行われました。その結果、小田急の車両は急速に高性能化していきました。

車体・台車の軽量化を実現

昭和20年代の後半に入ると、大手私鉄各社は高性能車両の開発に力を注ぐようになりました。車体や台車を軽量化し、小型の電動機の採用や従来の吊り掛け式（モーターを台車に装荷する方式、102ページ参照）に代わる駆動方式への変更、制御装置や制動装置の変更など、クリアしなければならない問題点が山積していました。小田急では車体や台車の軽量化から着手することとし、1954（昭和29）年1月に2100形が製造されました。

走行機器は従来の方式を使用していましたが、車体と台車の軽量化を図るとともに、小田急の通勤用車両では初となる蛍光灯の採用などが織り込まれています。高性能車登場の過渡期にあった試作的な車両で、当時開発中であった3000形ＳＥのための各種データを得るため、特殊警笛や**ディスクブレーキ**の試験が行われました。

高性能車の量産化

吊り掛け駆動方式に代わる新しい駆動方式として、直角カルダン駆動方式の研究を重ねていた小田急では、2100形の車体・台車の軽量化の実績を踏まえ、高性能車を送り出すことになりました。小田急初となる直角カルダン駆動方式を採用した2200形が登場したのは1954（昭和29）年7月で、正面非貫通2枚窓となりました。前面2枚窓は、国鉄80系電車（湘南型）が1950（昭和25）年登場の2次車から採用した前面デザインで、国鉄はもちろんのこと全国各地の私鉄にまで大流行したものです。また、2200形の後期車両から駆動装置を小型化したWN駆動方式が採用され、その後に登場する2220形や2400形、2600形などで高性能ぶりを発揮しています。

マメ
mamezou
蔵

ディスクブレーキ……車輪の外側に取り付けられた円盤に、ブレーキパッドを押しつけて減速させる方法です。現在も多くの鉄道車両の台車に用いられています。小田急ではLSEやMSEなどに採用されています。

2200形が嚆矢となった新性能化の波 静粛な走行性能が乗客の人気を集める

晩年の2320形（1980年ころ）

登場当時は2枚窓だった2300形　写真提供:生方良雄

黄色と青色のツートンカラー誕生秘話

小田急は創業時から鉄道車両で標準的な「ぶどう色」を使用していましたが、初代特急ロマンスカー 1910形で黄色と青色のツートンカラーが採用され、画期的な車両として話題を集めました。

鉄道車両は「ぶどう色」が基本だった

古くから鉄道車両は茶色をはじめとする暗色系一色というのが定番でした。汚れが目立たないといった理由もあるようですが、明治時代から続く伝統なので真偽のほどはわかりません。戦後の小田急では明るい**ツートンカラー**を採用することが検討されていましたが、近鉄が特急を復活させ2200系車両をツートンカラーにしたこともあり、1949（昭和24）年8月に登場した初代特急ロマンスカーの1910形は窓上が黄色、窓下は青色のツートンカラーを採用することになりました。

一目瞭然で特急ロマンスカーとわかるこの塗り分けは好評を博し、戦災復興に立ち上がる沿線住民へ明るさを提供することになりました。特急車両用の塗色として好評を博したツートンカラーですが、その後は通勤用車両にも使用されることになり、長年にわたって小田急カラーとして親しまれてきました。

2600形の晩年。リバイバル塗装としてツートンが復活した。写真提供:結解喜幸

時代とともに変わる塗色

1964（昭和39）年から1968（昭和43）年まで製造された20ｍ車の2600形は黄色と青色のツートンカラーでしたが、1969（昭和44）年から急行用の20m車として製造した5000形では、新たに白地（ケープアイボリー）にロイヤルブルーの太帯を巻く新塗色となりました。

その後はすべての車両で順次塗色の変更が行われ、小田急カラーとして親しまれてきたツートンカラーが消えてしまいました。現在、営業用車両では見ることができませんが、車両基地公開などのイベント時に公開される保存車両の2200形は、懐かしいツートンカラーの小田急カラーとなっています。

マメ mamezou 蔵

ツートンカラー……日本国内の鉄道車両は長らく1色塗りが基本でしたが、戦後になると外国の影響もあり徐々に2色を塗り分けることが一般化していきました。鉄道各社は明るい色彩の車両を登場させていったのです。

経堂～千歳船橋間を行くツートンカラー時代の2400形。写真提供:生方良雄

小田急にも貨物輸送があったって本当？

特急ロマンスカーや通勤輸送など旅客鉄道のイメージが強い小田急ですが、かつては電気機関車に牽引された貨物列車が設定されていました。1984（昭和59）年３月に廃止されています。

経営不振を助けた砂利輸送

1927（昭和2）年4月の創業時から貨物輸送用の1形電気機関車2両が製造され、同年11月から貨物営業が開始されました。当時の小田急は昭和金融恐慌の影響も受けて経営が苦しい時代でしたが、旅客需要が低迷する中で収入増につなげるための砂利輸送の貨物列車でした。

貨物営業後にスタートした砂利輸送の貨物列車は、相模川をはじめとする沿線の河川から採取された砂利を東京に運ぶもので、東北沢駅の新宿寄りに砂利専用の施設が設置されました。東京への砂利輸送は好調で、翌年には無蓋貨車（屋根のない貨車）を増備するなど、不振だった旅客営業収入を補う重要な役目を果たしました。なお、1966（昭和41）年に相模川の砂利採取が禁止されるまで、無蓋車を連ねた貨物列車が多数運転されていたのでした。

小田急の電気機関車は5形式が在籍した。写真はデキ1030形

専売公社の貨物も輸送

戦後の小田急にはデキ1010形をはじめ、デキ1020・1030・1040・1050形の5形式6両が在籍し、小田原線東北沢～小田原間において貨物列車の牽引機として活躍していました。有蓋貨車を連結した貨物列車は経堂駅まで運転されていましたが、通勤圏の拡大で次第に運転本数が少なくなりました（デキ1050形は構内専用機）。

また、足柄駅から分岐して日本専売公社小田原工場を結ぶ**専用線**があり、1950（昭和25）年から1984（昭和59）年3月の貨物廃止まで、足柄専売公社専用線として貨物列車が運転されていました。電気機関車牽引の貨物列車が廃止になってから25年以上の歳月が流れており、小田急に貨物輸送があったことを知る人も少なくなっています。

マメ mamezou 蔵

専用線……工業製品や原材料などを輸送するために敷かれた路線を指します。貨物輸送の中継拠点となる駅や信号場と工場や鉱山などを結びます。貨物輸送の低迷により近年は徐々に数を減らしています。

向ヶ丘遊園－生田間を行くデキ1010形けん引の貨物列車　写真提供:生方良雄

サービスアップを目的に冷房化を推進

昭和40年代に入ると通勤用車両の冷房化が検討されるようになり、小田急電鉄では2400形のクハ2478に試作冷房装置が取り付けられました。小田急は本格的な冷房車時代に入っていったのです。

新製冷房車5000形が登場

特急ロマンスカー3000形ＳＥ車は、登場からほどなくして冷房改造も行われ、より快適な旅を楽しめるようになっていました。昭和40年代に入ると通勤用車両の冷房化も検討されるようになりましたが、当時は建物用の冷房が主流だったため技術的に未知の部分がありました。その後、1968（昭和43）年に2400形の小田原寄りの先頭車両であったクハ2478に**分散式冷房**装置５台が実験的に取り付けられました（家庭用のユニットクーラーの改良タイプ）。車内における冷房効果の試験が行なわれ、その結果を基にして5000形への冷房装置取り付けが決定しました。

1969（昭和44）年10月から翌年10月にかけて製造された5000形は非冷房車として登場しましたが、1971（昭和46）年４月に登場した5000形は新製冷房車となり、快適な通勤時代の幕開けを告げることになりました。今では冷房が当たり前ですが、当時は数少ない冷房車に乗ることができたら、かなりラッキーな出来事と認識されていたのです。

冷房化率100%を目指す

小田急では1800形を除く20ｍ車をすべて冷房車とすることにし、5000形以降に製造された9000形や5200形には新製時から冷房装置を取り付けていました。非冷房車であった初期の5000形も順次冷房改造することになりました。さらに千代田線乗入れ用として製造した9000形や5000形の増備によって冷房化率がアップするとともに、1972（昭和47）年から1981（昭和56）年にかけて行われた2600形の冷房化により、昭和50年代には主な車両の冷房化が完了。そして1985（昭和60）年から開始された初代4000形の高性能・冷房化と2400形の廃車により、冷房化率100%が達成されました。

マメ mamezou 蔵

分散式冷房……1両に1基の冷房装置を搭載する集中式に対して、小型装置に分散する方法を指します。小田急では1両につき4～5基の小型冷房装置を搭載する集約分散式が採用されました。

通勤客へのサービス向上の切り札 分散型CU-12形冷房装置を続々搭載

小田急通勤車初の冷房
搭載車となった2400形

集約式クーラーを搭載する新3000形

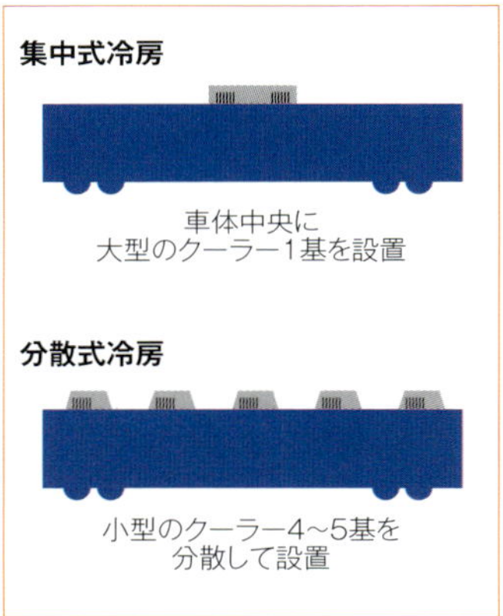

集約分散クーラーの8000形。クーラーキセは大型のものが採用されている

小田急にかつて存在した荷物電車とは?

小田原急行鉄道は創業時から荷物輸送を考慮した車両を投入し、鉄道省（国鉄）と連携して荷物輸送を行っていました。戦後はローズピンクのユニークな塗色になって荷物・新聞輸送に活躍していました。

荷物・郵便輸送に活躍

小田原急行鉄道が開通した昭和初期は、旅客輸送だけでなく**荷物輸送**も鉄道の重要な使命だった時代であり、新宿～小田原間の郊外区間用として登場した車両は荷物室を設置したモハニ101形となりました。しかし、ふたを開けてみると荷物輸送の需要は思ったよりも少なく、戦時中に荷物室を撤去して客室に変更することになりました。同時期に荷物専用車両のモニ1形電車が4両製造され、専用列車として小荷物輸送に活躍するようになり、さらに1939（昭和14）年3月には当時の逓信省より郵便輸送の要請があったため、郵便室を設置して郵便荷物車のモユニ1形が誕生しました。

戦後はデユニ1001とデユニ1002の2両が緑色の車体となり、さらに黄色の帯を巻いたユニークな塗色となりました。なお、郵便輸送は1971（昭和46 ）年に廃止されるまで続けられていました。

荷物電車時代となったデニ1300形。アイボリー車体の車両の中にローズピンクの車体はひときわ目立つ存在であった

1300形電車

登場当初は151形電車と呼ばれた車両で、両運転台（1両に前後2つの運転台が付くこと）で荷物室のある車両として重宝されていた。製造は藤永田造船所という大阪のメーカーで、全部で5両が製造された。その後、大東急時代はデハ1250形、戦後の分離独立後はデハ1300形と形式が変更されている。1968（昭和43）年には全車が引退しているが、3両が荷物電車として再利用されることとなった。

ローズピンクの車体

郵便室を撤去してデニ1000形になった荷物専用車両のデニ1001と、旅客輸送に使用していたデハ1300形を荷物車化したデニ1300形のデニ1301～1303の計4両が荷物車として使用されることになり、1971（昭和46）年3月に赤13号（国鉄の交直流電車が使用していたローズピンク色）に塗色変更が行われました。

さらに1973（昭和48）年には白い帯を巻いた塗色になり、新聞・荷物輸送に使用されていました。国鉄の交直流電車が小田急の線路上を走っているようでユニークな存在でしたが、小田急の荷物輸送も1984（昭和59）年3月20日限りで廃止されることになり、本線上を走るその姿を見ることができなくなりました。

マメ mamezou 蔵 **荷物輸送**……かつて小田急では国鉄と連携して30kg以下の手小荷物を輸送を行っていました。

多摩川橋梁を行くデニ1300形。思えばのどかな時代だった　写真提供:結解喜幸

臨時「あゆ電」&特急「初詣号」

1年に一度の行事でのみ運転される臨時列車。名物列車として好評を博した臨時「あゆ電」と特急「初詣号」。小田急ファンには人気の列車でしたが、現在はいずれも廃止されています。

釣り人を乗せた「あゆ電」

小田急沿線には相模川や酒匂川、早川など「あゆ釣り」のメッカとして知られる河川がいくつもあり、毎年6月1日の解禁日には大勢の釣り人が集まります。小田急はかつて、最終急行が運転された後の時間帯に釣り人の利便性を図るため、小田原行または箱根湯本行の臨時「あゆ電」を運転していました。

車内は釣竿を持った太公望たちで満席という不思議な空間でしたが、時には最終急行に乗り遅れた泥酔客がこれ幸いにと利用していました。1980年代前半まで2400形4両編成がメインでしたが、1983(昭和58)年の運転から5200形6両編成、そして8000形6両編成も使用されていました。しかし、マイカーの普及などで同列車を利用する釣り人も減少したため、1980年代後半にひっそりと消えてしまいました。

昭和50年代前半の2400形「あゆ電」　写真提供:結解喜幸

大晦日から運転された「初詣号」

明治神宮の初詣客の利便性を図るため、特急ロマンスカー車両を使用し、**大晦日から元旦にかけての終夜運転**で走った臨時特急です。1969（昭和44）年1月1日未明の運転開始時は新宿～新原町田（現在の町田）間の1往復のみでしたが、この列車が好評を博したことから運転区間や本数を年々拡大し、明治神宮参拝だけでなく、江島神社参拝と初日の出、大山阿夫利神社参拝などにも利用できるように、新宿～片瀬江ノ島間や新宿～伊勢原間も運転されるようになりました。

運転開始時の途中停車駅は参宮橋と向ヶ丘遊園でしたが、その後の運転区間延長で大和、藤沢、そして代々木上原も停車駅になっています。この愛称での運転は2001（平成13）年1月1日までで、同年の大晦日からは「ニューイヤーエクスプレス」と名前が変わりました。

マメ mamezou 蔵

大晦日から元旦にかけての終夜運転……都市圏の多くの鉄道が初詣輸送として大晦日の終夜運転を実施していますが、小田急も古くから行っており、好評を博しています。

昭和末期の8000形「あゆ電」　写真提供:結解喜幸

ICカード乗車券「PASMO」導入

昭和の時代までは日常的光景であった乗車券にハサミを入れる駅の改札風景でした。現在では自動改札システムの導入により改札業務の無人化が達成されました。

磁気式乗車券の登場

約20年前まで乗車券の裏面は白色でした。今では裏面が黒色の乗車券しか見ることができませんが、これは自動改札システムの導入に合わせ、乗車券の情報を記録する磁気を裏面に塗布しているからです。1991（平成3）年１月、小田急電鉄は新宿駅（西口地下改札）、百合ヶ丘駅、愛甲石田駅の３駅で自動改札機の試用を開始しました。その試用データをもとにして自動改札システムの全線導入が決定し、1997（平成9）年３月には全駅に自動改札機が設置されました。

当初は自動券売機で発券される乗車券類のみが磁気式でしたが、2000（平成12）年夏までに駅窓口などで発売される特急券も磁気式となり、さらに乗車券と特急券を併せて自動改札機に入れられるようになりロマンスカーの利用者も自動改札口を利用するようになりました。

ＩＣカード乗車券「PASMO」の導入

2007（平成19）年３月、自動改札機にタッチするだけで入出場できるＩＣカード乗車券「**PASMO**（パスモ）」が導入されると、ＪＲ·私鉄各社·加盟小売店などで共通利用できるという利便性の高さから入手希望者が殺到しました。

そのため、導入当初は「PASMO」の入手が困難になるほどの人気でした。今ではパスモ専用自動改札口が設置されるほど利用者が増加しています。小田急のＩＣカードは、1988（昭和63）年10月に自動券売機に投入して乗車券を購入できるプリペイドカード「ロマンスカード」、2000（平成12）年10月に自動改札機に直接投入できる共通乗車カードシステム「パスネット」が登場しましたが、現在は首都圏エリアの鉄道・バス・加盟小売店などで幅広く利用できる「PASMO」「Suica」のみが使用できます。

マメ mamezou 蔵

PASMO……私鉄共通のストアードフェアシステム「パスネット」（磁気式カード方式）の成功を受け導入された非接触式ICカードです。JR東日本のSuicaとも互換性があり高い利便性が確保されています。

進化するICカードに対応する改札口 ハサミの音が鳴り響いた風景も今は昔に

昭和20年代の下北沢駅の出札窓口。この時代は自動券売機もなかった　写真提供:小田急電鉄

現在の改札風景（代々木八幡駅）

自動改札機は全機が非接触ICカード「PASMO」に対応している

6章

小田急トリビア

小田急やグループ会社は多彩なサービスを展開しています。ここでは小田急のユニークな歴史、エピソードなどとともに、知って驚く小田急の情報を一挙大公開します。

昭和初期、流行歌に小田急の名称が使われ一躍全国区に

小田原線が開通して間もない1929（昭和4）年、映画「東京行進曲」の主題歌の歌詞に小田急が登場しました。その結果小田急の名前は一気に全国区に広がったのでした。

日本発の映画主題歌

1929（昭和4）年、日活が製作した映画「東京行進曲」に、同じタイトル名の主題歌が付きました。これは日本における映画主題歌第1号という記念すべきもので、同年にレコードも発売されています。

「東京行進曲」はこの時期大活躍していた作詞家中山晋平と作曲家西條八十が制作を担当。4番の歌詞に「シネマ見ましょか　お茶のみましょか　いっそ小田急で　逃げましょか　変る新宿　あの武蔵野の　月もデパートの　屋根に出る」と小田急の名前が入っていたため、小田急の名前は一躍全国区となったのでした。ちなみに、歌は日本初のレコード歌手、佐藤千夜子が歌っていました。

CDで復刻された名曲

小田急小田原線の開業は1927（昭和2）年で、この歌のリリースの同年には江ノ島線が開業しています。当時の社名は小田原急行鉄道で、小田急電鉄と改称するのは1941（昭和16）年です。つまり、「小田急」という略称が流行歌に乗って全国に広まったのでした。歌で知れ渡った**愛称が正式名称に**なったというのもおもしろいエピソードです。ちなみに、1番は銀座の繁華街、2番は丸の内のビジネス街が舞台で、ラッシュアワーという言葉も出てきて、当時既に通勤電車が混雑していたことをうかがわせます。また、3番には、1927（昭和2）年に上野～浅草間に開業した、日本初の地下鉄（現在の東京メトロ銀座線の一部）が登場します。

今から80年以上前にレコード化された歌ですが、1998（平成10）年12月にはビクターエンタテインメントからCDで復刻されました。その昔、蓄音器で聞いた「東京行進曲」を、最新のオーディオ機器で再生するというのも、なかなか楽しそうです。

マメ mamezou 蔵

愛称が正式名称に……略称や愛称が正式名称になるケースは鉄道の世界でも珍しくなく、阪急（元・京阪神急行）、一畑電車（元・一畑電気鉄道）などの例があります。

「いっそ小田急で逃げましょか～♪」が当時の流行語に

小田原急行鉄道開通記念乗車券　写真提供:小田急電鉄

東京行進曲

作詞:西条八十　作曲:中山晋平　唄:佐藤千夜子

一、
昔こいし銀座のやなぎ
仇な年増をだれが知ろ
ジャズで踊ってリキュルで更けて
明けりゃダンサーのなみだ雨

二、
恋の丸ビルあの窓あたり
泣いて文（ふみ）書く人もある
ラッシュアワーに拾ったバラを
せめてあの娘の思い出に

三、
広い東京恋ゆえ狭い
粋な浅草しのび逢い
あなた地下鉄わたしはバスよ
恋のストップままならぬ

四、
シネマ見ましょかお茶のみましょか
いっそ小田急で逃げましょか
変る新宿あの武蔵野の
月もデパートの屋根に出る

昭和50年代の記念乗車券ブームでさまざまなテーマの乗車券が登場

郵便の記念切手があるのと同様に、さまざまな名目で発行された記念乗車券。小田急でもさまざまなものが発売されてきました。ところが、自動改札機が登場した平成初期からその発行数は減少していったのです。

コレクターの人気の的

新線開業や新型車両導入など、歴史的な出来事がある際、**記念乗車券**が発売されることがあります。専用の絵柄がデザインされ、通常の切符と同じように使うこともできますが、コレクションとして購入する人が大半です。昭和40～50年代には一種のブームとなり、国鉄、私鉄ともに多くの記念乗車券が発売されました。

変化に富んだ長い歴史を持つ小田急も、例外ではありません。路線や運行に関するものでは、「箱根湯本直通30周年」（1973年）、「多摩線開通」（1974年）、「小田急向ヶ丘遊園モノレール開通10周年」（1976年）、「小田急開業50周年」（1977年）、「小田急線・地下鉄千代田線相互直通運転開始」（1978年）、「江ノ島線開通50周年」（1979年）、「御殿場線直通運転開始25周年」（1980年）、「多摩線開通5周年」（1980年）などが発売されています。

テーマも切符の形もさまざま

路線や運行以外には車両関係や駅の建物の竣工などを記念したものがあり、その中で「新型ロマンスカー7000形完成」（1981年）は、車両の写真、図面、諸元表などをまとめたユニークなものでした。また、「丹沢・大山国定公園15周年」（1980年）のように鉄道自体ではないテーマの例もあります。

このようにバラエティが豊富な記念切符でしたが、近年はカード類の普及ですっかり影が薄くなりました。一時期、記念パスネットが発売されたこともありますが、カードのサイズが規格化されているので、記念切符のような形状の変化はありません。かつての記念乗車券ブームを知る世代の方には今の状況は寂しいかもしれませんね。

マメ mamezou 蔵

記念乗車券……鉄道会社が自社の祝賀行事や、沿線のイベントの実施などを記念して発行する乗車券で、予め定められた区間の乗車券が1枚、あるいは3～5枚程度のセットで販売されていました。

小田急の変遷を今に伝える記念乗車券各種 コレクターズアイテムとして現在も人気が高い

小田急車両の御殿場線乗り入れ10周年を記念して1978年に発行された「ロマンスカー乗り入れ10周年記念乗車券」。4枚セットで、それぞれに各時代の小田急の車両と御殿場線の車両のイラストが入るというファン垂涎の逸品

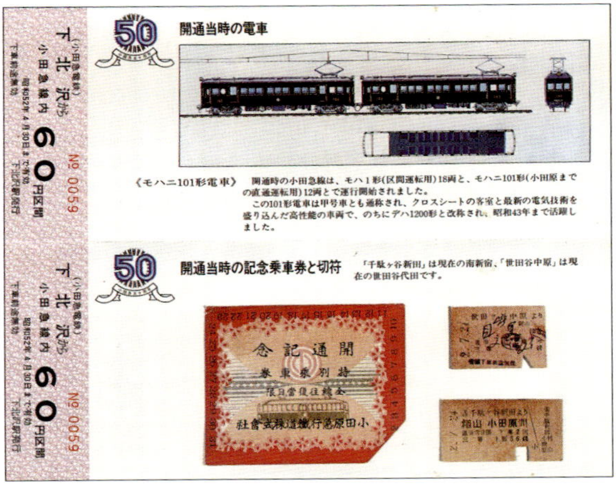

1977年に発行された「小田急開業50周年記念乗車券」。4枚セットで開業当時の車両や乗車券の写真が掲載されるというもので、コレクター性の高いデザインが人気を集めた

1983年に発行された「新型車両8000形就役記念乗車券」。走行写真や室内写真の3枚で構成され、裏面には図面も掲載されていた

御殿場のアウトレットモールが、小田急の直営遊園地だったって本当？

老舗アウトレットセンターとして高い人気を誇る「御殿場プレミアム・アウトレット」。かつて、この場所には小田急直営の遊園地があり、週末には多くの来園者で賑わっていました。

人気を集めた直営遊園地

1974（昭和49）年、東名高速道路の御殿場インターチェンジに近い丘陵地に、小田急直営の遊園地「小田急御殿場ファミリーランド」が開園しました。広い敷地内には、さまざまな遊戯設備が設置され、首都圏有数の遊園地として人気を集めました。週末ともなると、多くの家族連れを中心とした多数の来場客で賑わっていました。

しかし、1990年代に入ると入場者数が徐々に減少、施設も老朽化していたため1999（平成11）年9月をもって惜しまれつつ閉園となってしまいました。

その後、行楽に適したロケーションにある跡地は、アウトレットモールに転用されることになり、2000（平成12）年に御殿場プレミアム・アウトレットとしてオープンしたのでした。

御殿場ファミリーランド時代の観覧車が残る老舗アウトレットモールの「御殿場プレミアムアウトレット」　写真提供:チェルシージャパン

今も残る遊園地の遺構

プレミアム・アウトレットは日本の三菱地所と、アメリカでアウトレットモールを展開するサイモン・プロパティ・グループによる合弁会社、チェルシージャパンが運営しています。同社によるプレミアム・アウトレットは御殿場が第1号で、その後2011年までに、全国8カ所にオープンしています。また、アウトレット内のアミューズメント施設である観覧車は、ファミリーランド当時からのものです。

現在では、箱根湯本駅や小涌園、強羅から御殿場プレミアム・アウトレット行きのバスが運行されており、小田急で発売している箱根フリーパスでも乗車することができます。

ちなみに、小田急では1970（昭和45）年に富士宮市に行楽施設、小田急花鳥山脈をオープンさせましたが、これも1998（平成10）年に閉園となりました。

マメ mamezou 蔵

鉄道会社の遊園地経営……かつては、鉄道会社が利用客誘致のため沿線に直営の遊戯施設を経営していましたが、近年ではレジャーの多様化により撤退するケースが目立っています。

乙女峠から望む早朝の御殿場市。富士山が美しい

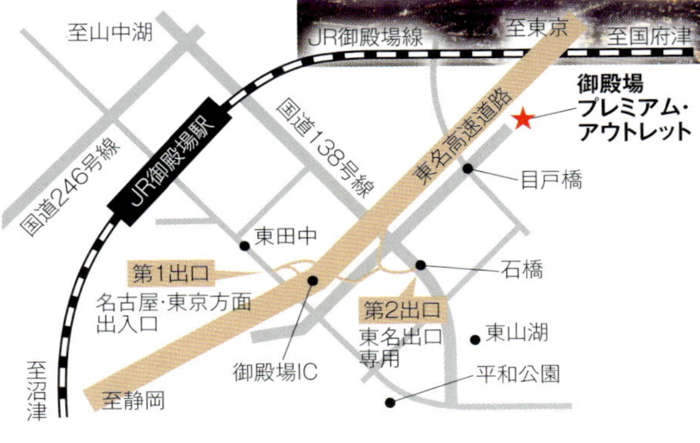

小田急外国人旅行センターってどんな窓口なの？

沿線に箱根、江の島、鎌倉など国際的な観光地がある小田急は、古くから多くの外国人に利用されてきました。小田急では外国人旅行者の円滑な旅をサポートするために、外国人旅行センターを開設しています。

新宿で始めた外国人向けサービス

小田急の沿線には箱根、江の島など国際的にも著名な観光地があることから、外国人のニーズが高いのが特徴です。近年目立つのが中国や台湾からの旅行者です。旧正月の休暇期間となると多くの観光客が訪れ、ロマンスカーに多くの海外からの旅行者が乗車する、という光景も珍しくなくなっています。

さて、外国人が日本を旅するにあたり、大きなネックになるのが言語の問題です。駅や列車の外国語の表示や案内放送、**案内表示の多言語化**を進めていますが、それだけでは、外国人が単独で移動するのに十分とは言えません。列車の乗換えや、路線ごとに異なる有料特急の切符のルールなど、日本人でも初めて利用する際は戸惑うほどですから、日本語がわからない人には、さらにハードルが高いのです。そこで、小田急は1999年に新宿西口に「小田急外国人旅行センター」を開設し、外国人の問い合わせに対応しています。

小田原駅の小田急外国人旅行センター。箱根、芦ノ湖を控える小田原駅は外国人の利用が多い　写真提供:小田急電鉄

駅の案内表示も近年では多言語対応となっている

日本政府観光局のお墨付き

同センターでは、英語、中国語、韓国語による交通・観光案内、乗車券類の発売などの業務を行っています。そして、2005（平成17）年には、日本政府観光局が推進する外国人の訪日旅行推進事業の、ビジット・ジャパン案内所に指定されました。

また、東海道新幹線や箱根登山鉄道と接続する小田原駅のサービス向上のため、2010（平成22）年に「小田急外国人旅行センター・小田原」を開設。これもビジット・ジャパン案内所に指定されています。

ちなみに、ビジット・ジャパン案内所に指定された私鉄の外国人旅行センターは、東武鉄道の浅草駅などにもあります。

マメ mamezou 蔵

案内表示の多言語化……小田急ではロマンスカーや箱根の観光ガイドなどの配布物の多言語標記化を進めています。現在は英語、中国語（繁体字）、中国語（簡体字）、韓国語の4言語に対応したものが増えています。

終日にぎわう新宿駅の小田急外国人旅行センター

斬新なシートサービス「走る喫茶室」

小田急にはかつて「走る喫茶室」と呼ばれる接客サービスがありました。女性のアテンダントが注文に応じて客席まで紅茶を運ぶというもので、ロマンスカーを象徴するサービスとして大好評を博していました。

喫茶カウンターの設置

初の特急専用車として1910形が誕生したのは、戦後間もない1949（昭和24）年８月のことでした。３両編成の中間車の連結部には日東紅茶の喫茶カウンターが設置され、紅茶のシートサービスが開始されました。車内の自分の座席で温かい紅茶が飲めるという至福の時間が演出されるこのサービスは、小田急ロマンスカーの名物としてすぐに定着することになりました。その後に登場する1700形や2300形、そして一世を風靡した名車・3000形ＳＥにも「**走る喫茶室**」のサービスが導入され、軽飲食のシートサービスが続けられました。

当初は日東紅茶だけでしたが、1963（昭和38）年３月の3100形ＮＳＥの登場から森永エンゼルも加わりました。日東紅茶の「走る喫茶室」に対し、森永エンゼルは「**エンゼルティールーム**」と名称を変えていましたが、一般の乗客の間では「走る喫茶室」の名称が定着しており、小田急ロマンスカーの車内サービスとして親しまれていました。

時代の流れで消滅

箱根や江の島への観光客輸送を主体としていた小田急ロマンスカーが、通勤・通学・買い物などに幅広く利用されるようになると、注文を受けてから各座席に届けるシートサービスは提供しづらくなってきました。このため、1993（平成5）年に日東紅茶、1995（平成7）年には森永エンゼルがこの事業から撤退し、約45年間続いた「走る喫茶室」のサービスが終了しました。

現在のロマンスカーの供食サービスは**ワゴンサービス**がメインですが、50000形ＶＳＥには同様の「シートサービス」が復活して話題となりました。

マメ mamezou 蔵

ワゴンサービス……商品を積載したワゴンで販売員が車内を巡回する販売方法で車内販売とも呼ばれます。近年縮小する傾向にありますが、JRの新幹線や長距離列車では現在も健在です。

客席で楽しむ紅茶の味わい
小田急が提供した至福のひととき

1700形に設けられた走る喫茶室
写真提供:生方良雄

VSEの売店。VSEは現在もシートサービスが行われている

初期のメニュー（1949年）

日東紅茶　ミルクティー	45円
日東紅茶　レモンティー	45円
コーヒー	45円
明治コーンアイスクリーム	50円
ニッカポケットウィスキー	120円
特製ニッカペア　ポケットビン	330円
特製ニッカペア　大ビン	1250円
ウィルキンソン炭酸	35円
おつまみもの	30円
洋菓子（2個）	60円
紅茶付洋菓子	100円
紅茶付カツサンド	150円
紅茶付ハムサンド	150円
紅茶付洋食すし	150円
幕の内弁当	150円

小田急の接近メロディの魅力に迫る!

近年、駅のホームで列車の接近や発車を知らせる合図に音楽を採用する鉄道会社が増えています。小田急電鉄ではどんなメロディが採用されているのでしょうか

ベルから、やわらかなメロディへ

駅のホームで列車の接近や発車を知らせる警報音として、かつて主流だったのはベルやブザーでした。これらの音は警報としては効果的なのですが、利用客にはどうしても騒々しく聞こえてしまい、ラッシュアワーの殺伐とした空気に拍車をかけてしまいがちでした。

そこで近年ではこれに代わり、メロディを採り入れる鉄道会社・駅が多くなっています。「**接近メロディ**」や「発車メロディ」と呼ばれるこれらの音は、聞く人にやさしいだけでなく、駅によって、あるいはホームの番線によって違うメロディとすることで、それぞれが識別できるのも大きなメリットです。

ご当地ソングの導入

小田急の駅の接近メロディには、ユニークなものがあります。「ウルトラマン」で知られる円谷プロダクションの旧本社が近くにあった、祖師ヶ

「箱根の山は、天下の嶮♪」の歌い出しで知られる「箱根八里」が接近メロディに使用される箱根登山鉄道の強羅駅

谷大蔵駅の接近メロディは、地元の要望もあり下りホームが「ウルトラセブンのテーマ」、上りホームが「ウルトラマンのテーマ」となりました。

小田急沿線に住んでいた漫画家、藤子・F・不二雄さんの関連では、「きてよパーマン」と「夢をかなえてドラえもん」が登戸駅、「はじめてのチュウ」（「キテレツ大百科」のテーマ曲）と「ドラえもんのうた」が向ヶ丘遊園駅の接近メロディになっています（それぞれ、下りホーム、上りホームの順）。

また、沿線出身のミュージシャン、いきものがかりにちなみ、海老名駅と本厚木駅の接近音は、それぞれ「SAKURA」と「YELL」（ともに下りホームがサビ、上りホームがイントロ）です。さらに、箱根登山鉄道と箱根ケーブルカーの小田原、箱根湯本、強羅、早雲山の各駅では、「箱根八里」の発車メロディを使用しています。

マメ mamezou 蔵

接近メロディ……ホームの乗客に列車の到着を知らせる際に使用されるメロディ。以前は音声のみで行われていましたが、近年はメロディを伴うケースが多くなっています。

「こんなこといいな～できたらいいな～♪」の歌い出しの「夢をかなえてドラえもん」が接近メロディに使われている登戸駅

本厚木駅の接近メロディは地元出身の音楽ユニット「いきものがかり」の曲が使用されている

祖師ヶ谷大蔵駅では当地にゆかりの深い円谷プロの代表作「ウルトラマン」の曲が接近メロディに用いられている。写真は駅前の案内表示

小田急が制作するCMにはどんなものがあるの？

小田急ロマンスカーは、長い伝統を持つ看板列車にふさわしく、テレビCMもオンエアされ、その音楽と映像には隠れた人気もあります。関東地方にしか流れないのが残念なところです。

心癒される歌とともに流れるCM

「あなたはいま　どの空を　見ているの」という出だしの、優しいメロディーの歌とともに流れる小田急ロマンスカーのテレビCMは、関東地方在住の方にはおなじみですね。

この印象的なCMは、駅貼りのポスターと連動して企画されています。2011（平成23）年の例では、駅貼りポスターが季節ごとに「春になったら篇」「家族旅行篇」「秋休み篇」「温泉の力篇」の4つのテーマで、それぞれ写真がロマンスカーのものと箱根のものが制作されました。そのうち「家族旅行篇」と「秋休み篇」にテレビCMがあり、映像には箱根の情景とロマンスカーが登場します。

10年におよぶシリーズで展開中

このロマンスカーのCMと駅貼りポスターは、2002（平成14）年以来シリーズとして継続しています。ポスターのコピーは「きょう、ロマンスカーで。」、CMのナレーションも「きょう、ロマンスカーで、新宿から箱根へ」と伝えています。小田急の今後のコマーシャル戦略も楽しみですね。

テレビCM化されたテーマのラインナップ

2002（平成14）年「夏･富士篇」「秋･赤富士篇」
2003（平成15）年「青い風篇」「秋･丸湯篇」
2004（平成16）年「春は大人に篇」「家族の夏篇」「父の思ひ出篇」「温もり篇」
2005（平成17）年「新しいロマンスカー篇」「緑の結婚パーティ篇」「ずる休み篇」「きらり妓篇」
2006（平成18）年「それぞれの道篇」「箱根の学校篇」「ミステリーの宿篇」「箱根で会議篇」
2007（平成19）年「また会うね篇」「みなぎる夏篇」「親孝行篇」「同窓会篇」
2008（平成20）年「同期篇」「成長する家族篇」「夫婦同士の旅篇」
2009（平成21）年「蘇生する夏篇」「連泊篇」
2010（平成22）年「みんなまとめて篇」「映画のような旅篇」

マメ mamezou 蔵
CMソング……ロマンスカーのCMソングのタイトルは「ロマンスをもう一度」で、作曲者の葛谷葉子さんをはじめ、さまざまな方が歌っています。2007（平成19）年には、この歌のCDが8,000枚限定で小田急から発売されましたが、すぐに完売となりました。

小田急ロマンスカー CMソング『ロマンスをもう一度』

作詞:上野泰明　作曲:葛谷葉子

JASRAC 出1117247-101

あなたはいま　どの空を見ているの
虹の向こうの　遠い日を見ているの
水平線がゆっくりと　ひとつに重なれば
また会えますか　新しい日のなか

あなたはいま　どの星を見ているの
時の向こうの　悲しみを見ているの
白く輝くその星が　一緒にまばたけば
また会えますか　新しい日のなか

ときめくことと　嬉しいことと
ロマンスはただ一度きりだけど
せつないことと　信じることと
ロマンスはただ一度きりだけど

あなたはいま　どの夢を見ているの
遥か向こうの　倖せを見ているの
もしもだけれど　同じ夢一緒に見られれば
また会えますか　新しい日のなか

失うことと　いとしいことと
ロマンスはただ一度きりだけど
淋しいことと　愛することと
ロマンスはただ一度きりだけど

あなたはいま　どの空を見ているの
虹の向こうの　遠い日を見ているの
水平線がゆっくりと　ひとつに重なれば
また会えますか　新しい日のなか

NNNNNNNN……

童謡「春の小川」のモデルは代々木八幡?

小田急小田原線で新宿から３つ目の駅、代々木八幡。今から100年ほど前、この地で童謡「春の小川」が生まれたと言われています。都会の真中にかつては美しい清流があったのです。

国民的唱歌は代々木八幡がルーツ

古くから親しまれている童謡「春の小川」。この歌の作詞者である高野辰之は、1909（明治42）年から代々木山谷（現在の代々木三丁目、南新宿駅と参宮橋駅の中間）に住んでいました。当時この一帯は田園が広がっており、現在では考えられないほどのどかな風景が広がっていました。また、代々木八幡駅の近くに河骨《こうぼね》川と呼ばれる小川が流れていて、春は河畔にすみれやれんげの花が咲き誇り、高野辰之はこの光景をこよなく愛していたそうです。

1912（大正元）年に「春の小川」が発表されました。これが文部省唱歌となり、現在も人々に歌い継がれています。歌に出てくる小川は何をモデルにしたのか、確固たる証拠となるものはありませんが、この河骨川をイメージしたという説が有力です。

歌碑が伝える往年の風景

現在は周囲には宅地が広がり、河骨川は暗渠《あんきょ》となり、路地の下の地中を流れています。歌がつくられたころから、大きく様変わりしたこの地を、小田急小田原線が通り、その線路のすぐ脇に「春の小川」の歌碑があります。これは、篤志家が建てて渋谷区に寄贈したものです。

風景は大きく変わっても、この歌碑を見ることで明治末期から大正初期にかけての、面影を感じることができます。なお、歌碑に刻まれた歌詞はつくられた当初のもので、現在歌われているのは、1926（昭和元）年に口語体に書き改められたものです。

ちなみに、高野辰之は1876（明治９）年生まれで本業は国文学者ですが、ほかに童謡「故郷《ふるさと》」など数々の歌を作詞しました。彼の住居跡の碑が、代々木三丁目の道路の歩道に立っています。

マメ mamezou 蔵

様変わりした代々木八幡界隈……参宮橋～代々木八幡間の東側は、かつて陸軍の練兵場でした。その後米軍の接収を経て（米軍住宅ワシントンハイツ）現在は代々木公園となっています。

さらさらゆく小川だった河骨川は現在遊歩道となり当時を偲ぶのは難しい

カーブ上にある代々木八幡駅。参宮橋～代々木八幡間は新宿の高層ビルをバックに撮影できる鉄道写真の名所として知られている

現在の河骨川付近。当時の面影はほとんど残されていない

線路沿いに立つ「春の小川」の碑文。ひっきりなしに列車が行き交っている

進化が続く電車の車内設備

時代とともに進化する小田急の電車は、走行性能や経済性が向上しているだけでなく、乗客の安全などさまざまなことが考慮されています。ここでは車両のバリアフリーを中心に検証してみましょう。

車両にも進むバリアフリー

乗客を安全かつ快適に目的地まで運ぶのが、鉄道会社の使命です。その中で近年重視されていることのひとつが、バリアフリー。駅へのエスカレータやエレベーターの設置などが進む一方、車両も改良されています。

小田急の電車のうち、**車椅子スペース**が用意されているのは、特急用では7000形(LSE)、30000形(EXE)、50000形(VSE)、60000形(MSE)、通勤用では1000形の一部、2000形、新3000形、新4000形、5000形の一部、8000形更新車です。

また、急病人発生などの非常時に、乗客が乗務員に異常を知らせる通報装置を全車に設置しているほか、乗務員と直接通話する「**対話式非常通報装置**」を特急用では30000形(EXE)、50000形(VSE)、60000形(MSE)、通勤用では1000形の一部、2000形、新3000形、新4000形、8000形更新車に備えています。

バリアフリー推進の一環として近年は車両への車椅子スペースの設置が進められている(取っ手を引くと簡易座席が出てくる)

サービス提供推進で変わる車内

小田急の安全に対する取り組みを象徴するのは、**AED**（自動体外式除細動器）です。これは2008（平成20）年に、60000形（MSE）に日本の鉄道車両として最初に設置し、現在はすべてのロマンスカーに備えています。

また、9000形以降の通勤車両はすべて窓の開閉が下降式になっています。これは乗客が窓から手や顔を出さないよう、安全性を配慮して採用されたものです。特に地下鉄乗入れの際には有効となります。

また、乗客にとって便利なサービスとして、車内ドア上部分に、行き先や停車駅などの情報を文字でわかりやすく案内する、LEDやLCD表示器も、大部分の電車に設置されています。近年の車両では設置個所が増加され各ドアに1カ所付くようになり、聴覚障害者の方や外国人の方などにも好評です。

マメ mamezou 蔵

AED……60000形は3･9号車、30000形は6･7号車、それ以外のロマンスカーは3号車にAEDを設置。また、2011年度中には小田急全駅へのAED設置を完了する予定です。

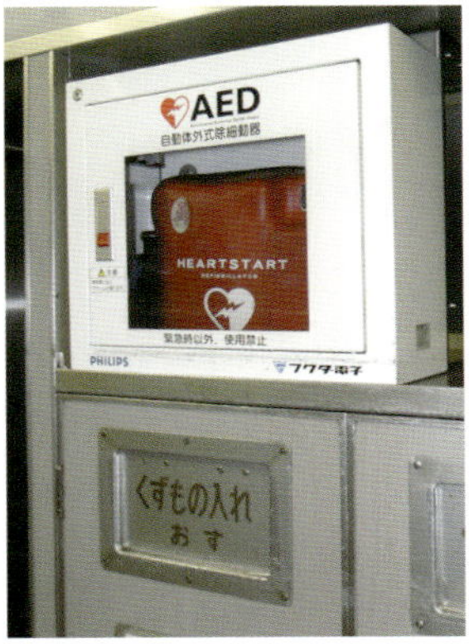

ロマンスカーにはAEDが設置されている

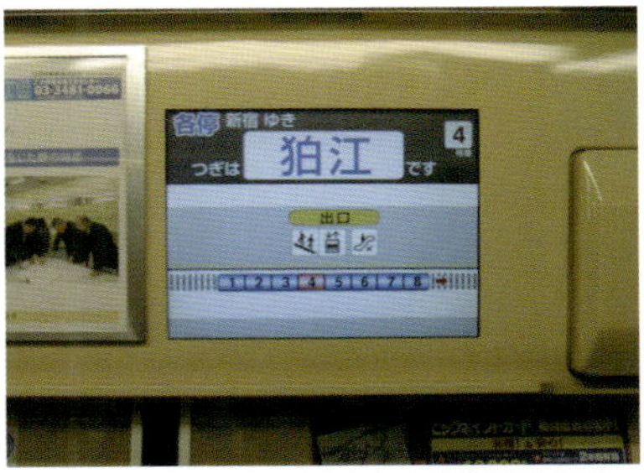

液晶ディスプレイが設置され好評な新3000形

現在の小田急の通勤形車両は多くの車両で一段下降窓が採用されている。窓の開閉時は上部の取手をつかんで下げる。窓は半分程度しか開かないので、子どもが顔を出す心配もない

2軒の直営グッズショップはレールファンの隠れた聖地

小田急は、2004（平成16）年より直営の小田急グッズショップ「TRAINS」を展開しています。小田急の車両や駅をモチーフとしたオリジナルグッズを多数販売し、人気を集めています。

小田急直営の鉄道グッズ専門店

最近は鉄道趣味の裾野が広がり、世代や性別を問わず、多くの人が鉄道に親しんでいます。そして、さまざまな鉄道グッズが市場に出現し、人気を集めています。

小田急が新宿駅と和泉多摩川駅に開設した直営の小田急グッズショップ「TRAINS（トレインズ）」は、そんな鉄道好きにたまらない商品を揃えた人気スポットです。そこには、子ども向けの玩具（電車のお面などの「電車ごっこ」グッズもある！）や弁当箱から、ハイエンドユーザーを対象とした精密な鉄道模型まで、小田急電鉄公認の鉄道グッズを幅広く取り揃えています。小田急ファン、鉄道ファンには絶対見逃せません。中でもユ

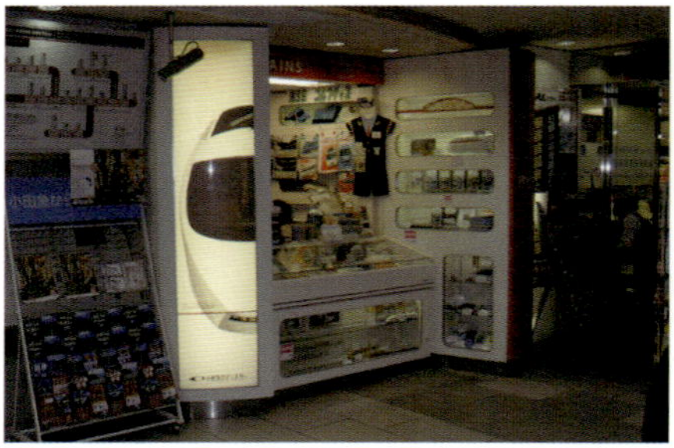

VSEをモチーフとしたという新宿店。所狭しとさまざまなグッズが陳列されている

和泉多摩川店の外観

和泉多摩川店。鉄道模型運転コーナーは家族連れにも大人気

ニークなのが制服そっくりのＴシャツ「なりきりＴスーツ」。駅長・車掌・運転士になれる人気の商品です。このほかに子どもたちに人気の商品は小田急のシールブック。7種類の累計発行部数はおよそ10万冊という隠れたベストセラーです。12種類あるロマンスカーや通勤電車のチャームも魅力です。

新宿と和泉多摩川、それぞれの店の個性

新宿店は新宿駅西口地下にあり、店舗はVSEをイメージしたデザインです。便利な立地で年末年始以外は年中無休で営業時間は10:00～20:00。通勤や通学の途中にも寄ることができます。

一方、和泉多摩川店は和泉多摩川駅改札口前にあり、新宿店より広くなっています。定休日は月曜（祝日は営業、翌日休業）と年末年始で、営業時間は平日が10:00～16:00、土休日・祝祭日が11:00～18:00。店内にＮゲージ鉄道模型とプラレールの運転用ジオラマがあり、こちらは子どもたちに大人気です。Ｎゲージのレイアウトは、運転操作を楽しむこともできます（1回5分で100円）。また**TRAINSの通販**サイトでは店長ブログが人気です（http://www.odakyu-trains.com/）。

マメ mamezou 蔵

TRAINSの通販……直接店舗へ行くことができない人のために、インターネットによる通販も行われています。各種小田急オフィシャルグッズは、すべて購入することができます。

数々のグッズが販売されている

毎日小田急で通勤していた、「ドラえもん」の生みの親、藤子・F・不二雄

大人気のまんが「ドラえもん」の作者である藤子・F・不二雄さんは、小田急と川崎市にゆかりの深い人物として知られています。通勤には毎日小田急線を利用していました。

小田急沿線住民だった藤子・F・不二雄

「ドラえもん」などの作者である藤子・F・不二雄（本名：藤本　弘）は、1933（昭和8）年富山県生まれで、藤子不二雄Ⓐ（本名：安孫子素雄）とコンビを組み、1954（昭和29）年に上京しました。当初は、多くの漫画家が暮らしたことで知られる、東京都豊島区のトキワ荘に住んでいましたが、1961（昭和36）年に向ヶ丘遊園駅近くの川崎市生田に転居しました。

1963（昭和38）年には鈴木伸一、つのだじろう、石ノ森章太郎らとともにスタジオ・ゼロを新宿に設立し、そこまでの通勤には小田急の電車を利用していたそうです。そして、1964（昭和39）年に連載が開始された人気作品「オバケのQ太郎」（通称：オバQ）のタイトル名は、小田急から連想したとのことです。また、昭和40年代以降は**ロマンスカーさがみ号**で通勤していたことも多かったようです。

小田急沿線に開館したミュージアム

児童まんが家、藤子・F・不二雄の作品世界を展示・公開するために、2011（平成23）年9月に藤子・F・不二雄ミュージアムがオープンしました。所在地は同市多摩区長尾で、登戸駅から川崎市営の直行便バスを運行。そのバスは車体に藤子作品のキャラクターが描かれています。

館内には作品原画や関連資料の数々を展示し、日時指定の予約制の入館という方式により（入場券はコンビニエンスストアのローソンで販売）、来場者はゆっくりと見学できるようになっています。園内には「ドラえもん」をはじめとする藤子・F・不二雄作品のオブジェがそこかしこにあります。

マメ mamezou 蔵

ロマンスカーさがみ号……1960（昭和35）年に登場した特急ロマンスカーの愛称です。昭和40〜50年代はSE車が投入され向ヶ丘遊園、本厚木などにも停車するようになりました。

小田急沿線に長年暮らした藤子・F・不二雄氏「ドラえもん」第2巻には2400形タイプが登場

藤子·F·不二雄ミュージアムの外観

登戸駅からはキャラクターがラッピングされたシャトルバスが運転されている

登戸駅構内に掲出された施設案内図

川崎市　藤子・F・不二雄ミュージアムの利用案内

開館時間…10:00～18:00
※事前予約制　コンビニエンスストアのローソンでのみ入場券を販売

入館料……大人·大学生1000円　高校·中学生700円　子ども(4歳以上)500円

定休日……毎週火曜日、年末年始(12月30日～1月3日)
※臨時休館日は事前にホームページで告知。
※ゴールデンウィーク(4月29日～5月5日)および夏休み期間(7月20日～8月31日)は開館。

アクセス…向ヶ丘遊園駅から徒歩15分。登戸駅からシャトルバスが運行(運賃大人200円)。

連接構造の採用により、イレギュラーなリズムを刻んで走行するロマンスカー

小田急は3000形SE以降、多くの形式で連接構造を採用しています。レールの継ぎ目を通る時に車輪が奏でる走行音も独特の音が発生します。これもロマンスカーを特徴づけるポイントの一つと言えるでしょう。

レールの継ぎ目で車輪が出す音

電車が走る時、「ダダンダダン」という音（「ガタンゴトン」と言われることもあります）が下の方から聞こえてきます。大人も子どもも口ずさんでしまう、味わいのある音なのですが、ロマンスカー7000形や10000形では様子が異なり、「ダダン」となるだけです。「ダダンダダン」という音は、レールの継ぎ目を車輪が通る時に出るものです。普通の電車には、1両の車両の前後に1台ずつ、**ボギー台車**という2軸の車輪をセットにして枠で囲った構造の物があります。このボギー台車の2軸の車輪がレールの継ぎ目を通ると、2回音を刻むので、それが「ダダン」と聞こえるのです。そして、車両と車両の連結部には、両方の車両の台車が接近しているので、音が連続して「ダダンダダン」となります。

連接台車の独特のリズムの秘密

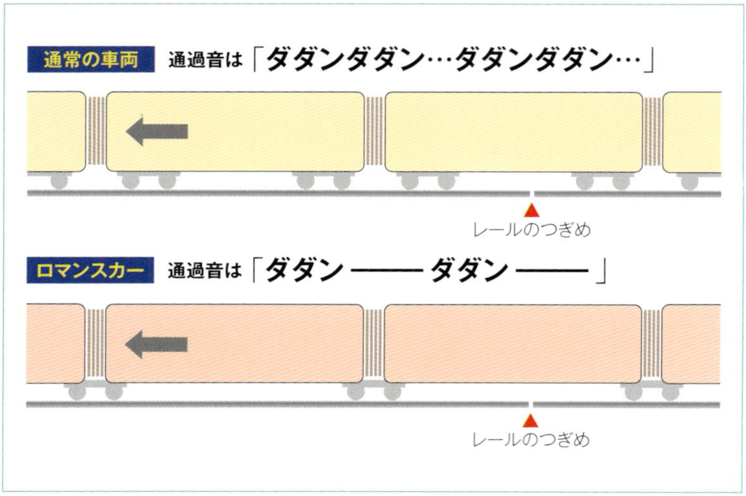

連接構造による独特な音

ちなみに編成の最前部（先頭車の前側）と最後尾（一番後ろの車両の後ろ側）はボギー台車が１台あるだけなので「ダダン」という音になりますが、連結部においては２台のボギー台車が続くので「ダダンダダン」という連続した音になるわけです。そして、編成が長いと「ダダンダダン……ダダンダダン……」とリズミカルに音を刻み続けます。

ところが、7000形や10000形は**連接構造**なので、連結部には台車が１台しかなく、「ダダン」としか音が出ません。11両編成には最前部と最後尾、そして10カ所の連結部で12個の台車があるので、１つのレールの継ぎ目を通る際、「ダダン……ダダン……ダダン……ダダン……」と12回の「ダダン」が聞こえます。

マメ mamezou 蔵

連接構造……車体と車体の間に台車を置きひとつの台車が2つの車体を支える方式で、乗り心地の向上や走行音の静粛化を目的に採用されています。車両運用上の制約から日本では普及していません。

10000形の連接台車。車体と車体の間にあることがわかる

通常の台車（5200形）。こちらは車体の端部に2つ設置される

小田急が販売するナチュラルミネラルウォーター「箱根の森から」ってどんな水?

小田急電鉄ではグループのホテルから採水されるナチュラルミネラルウォーターを販売するという、ユニークな事業も展開しています。また、売店ではオリジナルのワンカップも販売しています。

売店で見かける、気になる商品名

小田急の駅構内の売店、Odakyu SHOPの飲み物のコーナーを見ると、「箱根の森から」という商品名のミネラルウォーターがあります。500mℓペットボトル入りで、白とブルーによるラベルのやさしいデザインに好感が持てるのですが、気になるのはその商品名です。

改めてラベルをよく見てみましょう。品名は「ナチュラルミネラルウォーター」で、採水地は「神奈川県足柄下郡箱根町」と記されています。まさに「箱根産のナチュラルミネラルウォーター」というわけですね。

小田急にふさわしいこの水、実は小田急自身が販売しているもので、ラベルに表示された販売者名はズバリ「小田急電鉄株式会社」です。

都会で味わえる箱根の大自然「箱根の森から」。2011年5月には「モンドセレクション2011　ビール、水ならびソフトドリンク部門」で最高金賞を受賞しています
写真提供:小田急電鉄

名門ホテルで使われている由緒ある水

このナチュラルミネラルウォーター、実際に採水しているのは、小田急箱根ハイランドホテルの敷地内という、由緒あるものなのです。同じ水が同ホテルの料理や飲み水にも使われています。硬度は120mg/ℓで中硬水と分類され、硬水よりもまろやかで飲みやすく、軟水よりミネラルが多いのが特徴です。

「箱根の森から」は駅の売店、自動販売機のほか、小田急商事が運営するスーパー、コンビニおよびそのオンラインショップでも販売しています。小田急ファンならずとも、是非飲んでみたいですね。

マメ mamezou 蔵

売上の一部を寄付……「箱根の森から」を買うと、1本につき1円が箱根町に寄付される仕組みになっています。発売開始から9月末までで、約640万円が寄付され、箱根の自然環境保全などに活用されています。

「箱根の森から」の採水地「小田急箱根ハイランドホテル」

人気の立ち食いそば店「箱根そば」

小田急電鉄の各駅を中心に営業する「箱根そば」は、昔も今も人々に親しまれている駅での食事の王道です。味の良さにも定評があり、最近は沿線以外の店舗も増えています。

長年親しまれてきた「駅の味」

鉄道の駅における「食」といえば、古くから立ち食いそばが定番です。最近は駅の中も周辺も、さまざまな外食店が増え、いわゆる「**駅そば**」も影がうすくなりがちですが、小田急の駅では「箱根そば」のブランドで依然人気を集めています。

「箱根そば」は45年の歴史を持ち、茹で上げた生麺とだしの利いたやさしい味わいのつゆを使っています。人気メニューはかき揚げそばで、ひとつひとつ手揚げした本格的なものです。また、旬の舞茸と春菊の天ぷらが入った、秋にふさわしい「舞茸天と春菊天そば」など、季節ごとのメニューも充実しています。また、店内にはそばつゆも用意され、ゆっくりと食事を楽しむことができます。

東京都と神奈川県の広範囲に店舗展開

現在「箱根そば」を運営しているのは、小田急グループの小田急レストランシステムです。「名代箱根そば」という名称の直営店の数は40あまりで、大部分は小田急の駅の構内あるいは駅前にありますが、小田急のエリアから離れた蒲田と四谷見附などにも店舗があります。そして、東京都心部から湘南方面にかけて8店舗のフランチャイズ店も展開しているので、小田急の駅そばとは知らずに味わっている人も多いことでしょう。

また、新宿駅地下コンコースでは44席の大型店「箱根そば本陣」、本厚木駅改札内ではそばに加えラーメンやおむすび、さらに酒類もメニューに揃えた食事処「箱根茶屋」も営業しています。

駅そばというとサラリーマンや学生が利用するもの、というイメージが強いですが、テーブル席を設けた店舗もあり、女性や家族連れでも楽しむことができます。

マメ mamezou 蔵

駅そば……駅のホームや構内に置かれる飲食施設で、全国の鉄道駅にあります。立食スタイルが主流ですが、最近では簡易なイスを設置する店も増えています。

小田急が展開する駅そばチェーンの「箱根そば」近年では駅の外にも続々進出!

相模大野駅下りホームの小田原駅寄りにある箱根そば相模大野店の外観

箱根そばの店舗一覧

小田急線沿線の店舗

代々木上原店／経堂店／祖師ヶ谷大蔵店／成城学園前店／喜多見店／狛江店／登戸店／向ヶ丘遊園南口店／読売ランド前店／百合ヶ丘店／新百合ヶ丘店／マルシェ新百合ヶ丘店／鶴川店／町田店／町田北口店／永山店／多摩センター東口店／相模大野店／相武台前店／厚木ミロード店／海老名店／海老名東口店／愛甲石田店／伊勢原店／鶴巻温泉店／秦野店／渋沢店／新松田店／小田原店／東林間店／中央林間店／南林間店／大和店／高座渋谷店／湘南台店／湘南台駅ホーム店／六会日大前店／藤沢店

小田急沿線以外の店舗

千歳烏山店／蒲田店／四谷見附店／新橋店／秋葉原店／田町店／幡ヶ谷店／川崎店／茅ヶ崎店／豊洲店／赤坂店／古淵店／橋本店

やはり人気のかけそば

本厚木駅の「箱根茶屋」

小田急バーチャル鉄道博物館ってどんなサイト?

近年、鉄道会社のウェブサイトは目覚ましく進化しています。「小田急バーチャル鉄道博物館」は自宅にいながら小田急の雑学を楽しめるサイトとして高い人気を誇っています。

貴重な資料の数々を掲載

小田急の**オフィシャルウェブサイト**内には、「小田急バーチャル鉄道博物館という、小田急の鉄道情報が満載のコーナーが開設され、鉄道ファンの注目を集めています。CGを駆使した画面は見やすい構成となっており、小田急電鉄の歴史と現在をビジュアル的に美しく伝えています。

コンテンツの中心となっているのは、過去と現在の代表的な車両が3Dで見られる「車両展示室」、モノレールを含め歴代車両や制服、道具、記念乗車券、広告などを紹介する「小田急資料室」、沿線で撮影された写真を集めた「沿線フォトヒストリー」。

いずれも資料的な価値が高いもので、見ていて飽きません。また、「クイズ・ザ・オダキュー」のコーナーでは、初級、中級、上級の難易度を選択してクイズに挑戦することができるので、一度挑戦してみてはいかがでしょうか。

家族みんなで楽しめるサイト

さらに、小田急バーチャル鉄道博物館内には「おだきゅうキッズ」というコーナーもあります。そこには「知る・学ぶ」「ゲーム」「作る・楽しむ」「電車に関するマナーやルール」などの各コーナーがあります。

ターゲットは小～中学生ですが、大人の方でも楽しめる内容が多く含まれています。例えば「ゲーム」のコーナーにあるクイズは、鉄道ファンにとってもなかなかの難易度です。もちろん、家族で一緒に楽しむのにも絶好です。また、このサイトをじっくり見てから小田急の電車に乗ると、今まで気づかなかったいろいろなことに、興味を持つようになることでしょう。

マメ mamezou 蔵

鉄道会社のオフィシャルウェブサイト……近年、各鉄道会社は自社のウェブサイトを通じてさまざまな情報を発信するようになりました。鉄道ファン向けの情報や告知はウェブでなされるようになり、その存在はとても大きくなっています。

鉄道ファン必見の小田急電鉄の資料サイト
歴史と現況を知るうえで必須の情報が満載

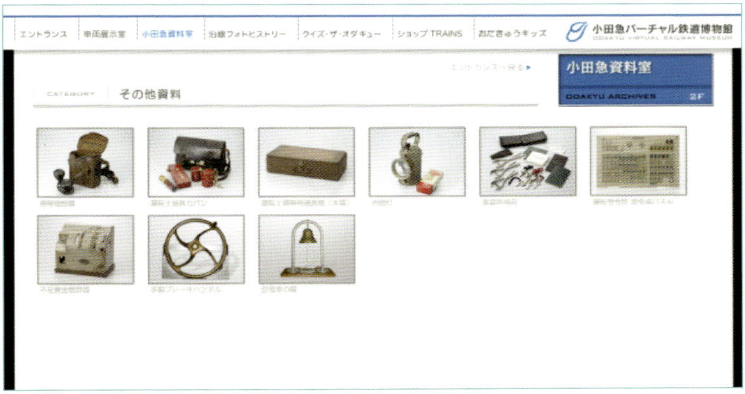

小田急の歴史が一目でわかる

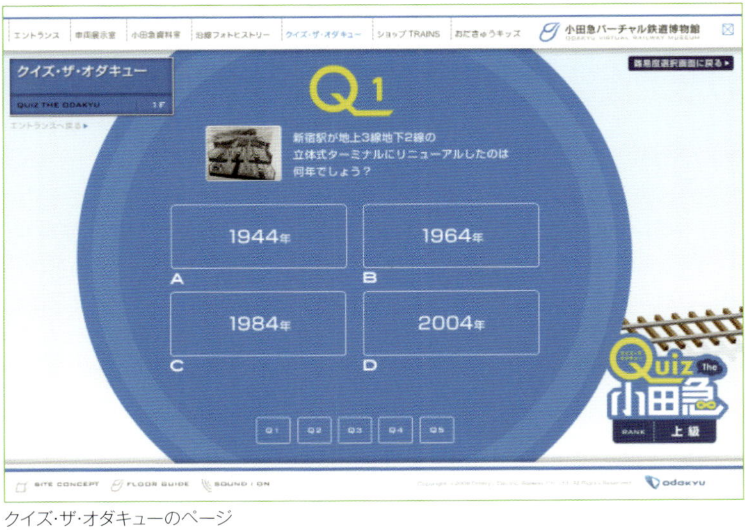

クイズ･ザ･オダキューのページ

小田急が主催する「箱根スイーツコレクション」ってどんなイベント?

小田急沿線で最大の観光地箱根では、風景や温泉だけでなく、味覚も楽しみ。箱根スイーツコレクションは、箱根のお洒落なイメージもあいまって回を重ねるごとに盛り上がりを見せている人気イベントです。

箱根で開催されるスイーツのイベント

「箱根スイーツコレクション」とは、「箱根のスイーツ」を味わってもらいたいというコンセプトのイベントで、毎年春と秋に開催されます。主催は小田急グループの小田急箱根ホールディングスで、後援・協力は箱根町、財団法人箱根町観光協会、箱根温泉旅館協同組合、小田原箱根商工会議所、箱根プロモーションフォーラムという陣容です。

2011（平成23）年9月23日から11月13日には第8回「箱根スイーツコレクション」が開催され、「小田急 山のホテル」、「箱根ハイランドホテル」、「箱根強羅公園」、「ポーラ美術館」など箱根エリアのホテルや美術館のほか、老舗和菓子店「茶のちもと」、「豆腐処 萩野（はぎの）」など和・洋の飲食店33店舗が参加しました。

多数の店舗が参加し、競い合う個性

2011（平成23）年秋の例では、箱根カフェの「パン屋さんのマロンボストック」、彫刻の森ギャラリーカフェの「幸せの青い鳥 “LOVE” Best for two size」など、各店舗がそれぞれの個性を競い合いました。合わせて、スイーツを食べてシールを集めて応募すると、抽選で「箱根ハイランドホテル」のランチ券などが当たる「秋の箱根で甘い休日キャンペーン」も実施され、大好評でした。また、このイベントの開催時には、各スイーツの特徴や価格、参加店舗、エリアマップなどを掲載したカラーの小冊子が、小田急各駅、箱根エリアの交通機関主要駅・港、参加店舗などで配布されます。センスの良いショップがしのぎを削る箱根のスイーツイベントは回を重ねるごとに注目度が向上しています。

行楽シーズンにふさわしい箱根のイベント、カップルや家族連れで大いに楽しめることでしょう。

マメ mamezou 蔵

小田急 山のホテル……1948年に開業した小田急直営のホテルで、日本を代表するリゾートホテルとして知られています。また、客室からは芦ノ湖と富士山の絶景が堪能できるため外国人旅行者にも人気です。

箱根の春と秋の風物詩として定着。ハイセンスなショップ群が織りなすスイーツの饗宴!

人気イベント「箱根スイーツコレクション」のパンフレット

小田急グループの国際的ホテル「山のホテル」

主要駅周辺で展開している魅力的な商業施設

ターミナルの新宿のみならず、小田急の主要駅には駅に隣接した大型商業施設があり、地域の人々を中心にさまざまなライフスタイルを提案しています。

30年の歴史をと持つ商業施設

小田急の主要駅で展開されている大型の商業施設は、「小田急」の名を冠していない、おしゃれなカタカナの名称で親しまれています。その第一弾となったのは、1982（昭和57）年にオープンした本厚木**ミロード**です。ここには2つの建物があり、ファッション、日用品、飲食などの多彩な店舗が営業し、本厚木駅と合わせて地域の核的存在となっています。

そして1984（昭和59）年には新宿ミロードがオープン。現在は小田急百貨店やホテルセンチュリーサザンタワーとともに、新宿西口から南口にかけてのエリア「新宿テラスシティ」を構成する商業施設のひとつとなっています。また、最新の商業施設といえば2011（平成23）年4月に経堂駅前に誕生した「経堂コルティ」です。正面にある幅約10ｍに及ぶひな壇上の大階段と、大きな半透明なガラス屋根が特徴的で、4階からは複々線化された線路を見渡すことができ、密かな電車撮影スポットにもなっています。

今や新宿のシンボルとなった「新宿ミロード」

個性的な名称も登場

1992（平成4）年に新百合ヶ丘駅前にオープンした商業施設は「新百合ヶ丘エルミロード」という名称で、これまでに使用してきた「ミロード」から「エル」が追加されました。これは、Ｌａｒｇｅ（大きい）とＬｉｌｌｉｅ（百合）の「L」をとって名付けたといわれています。

また、1996（平成8）年には相模大野ミロードがオープンしますが、当初は相模大野ミロードとエクサイトという２つの建物の総称を相模大野ステーションスクエアとしていました。そして、オープンから約10年後の2007（平成19）年に、相模大野ステーションスクエアＡ館、Ｂ館と名称が統一されています。

そのほかにも、複々線化事業により地下化した成城学園前駅の上には成城コルティが、海老名駅近くには１番館～７番館まであるビナウォークがあります。

マメ
mamezou
蔵

ミロード……シェイクスピアの戯曲にも出てくる、「爵位ある人たちへ尊敬をこめて呼びかける時に使用した敬称」である「MYLORD」に由来します。新宿ミロードにはかつて、ドロミちゃんというイメージキャラがいて人気を集めました。

経堂コルティの大階段
と半透明なガラス屋根

リピーターの多い「フリーパス」。さまざまな活用法が魅力的

小田急では各種の企画乗車券を発売しています。その中でも特に人気が高いのが特定区間が自由に乗降できる周遊タイプのフリーパスです。どんな種類のものがあるのでしょうか。

箱根エリアが乗り放題！便利な割引周遊券

鉄道やバスを利用して行楽地などを回る際、乗換えのたびに切符を購入するのは手間になるうえ、費用もかさんでしまいます。そんな時、強力な武器となるのが周遊タイプの割引切符です。

小田急でこれを代表する存在なのが「**箱根フリーパス**」。これは、発駅から小田原までの往復と、箱根登山線・箱根登山ケーブルカー・箱根ロープウェイ・箱根海賊船および、箱根登山バス・小田急箱根高速バス・沼津登山東海バスの指定区間の「乗り降り自由」がセットになったものです。発駅は小田急線の各駅から設定しているほか、小田原、湯河原、三島、沼津、御殿場発のものもあります。また、それぞれ有効期間は2日と3日が選択可能です。

箱根フリーパスの自由乗降エリア

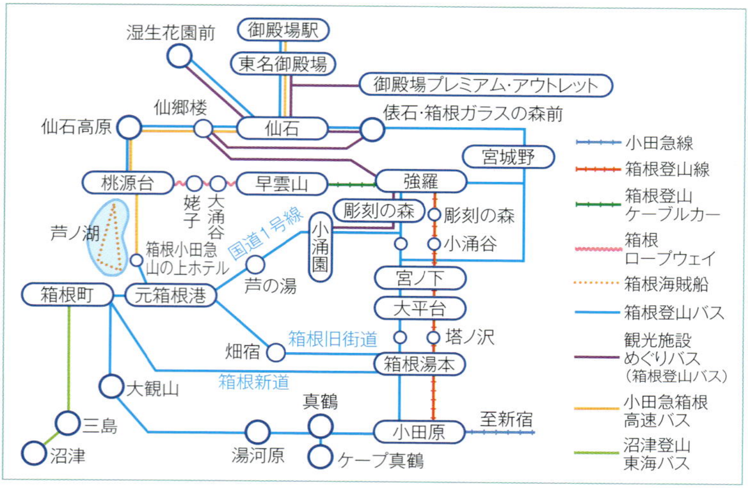

行程次第でどんどん活用できるフリーパス

新宿発有効２日間の「箱根フリーパス」の販売価格は5,000円です。通常の切符を買う場合、新宿と強羅の往復で3,000円かかるので、箱根周辺で2,000円分以上の交通機関に乗ればその時点でモトがとれます。さらに、箱根周辺の温泉や観光施設など、50以上の施設が優待・割引料金になるという特典が付くのです。

「発駅からの小田急往復乗車券＋指定エリア乗り放題」のフリーパスはほかに、「江の島・鎌倉フリーパス」「丹沢・大山フリーパス」「小田急東京メトロパス」があります。いずれも、乗れば乗るほど、どんどんお得になるのが大きな魅力です。

マメ mamezou 蔵

フリーパス……特定の区間内の鉄道を中心とした交通機関の乗り降りが自由となるほか、自由乗降ゾーンまでの往復運賃がセットになったお得な乗車券。JRグループ各社が販売する「周遊きっぷ」もこれに該当します。

江の島・鎌倉フリーパスの自由乗降エリア

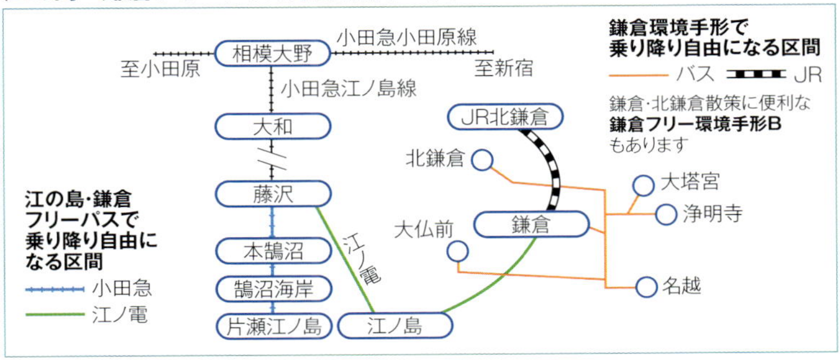

丹沢・大山フリーパスの自由乗降エリア

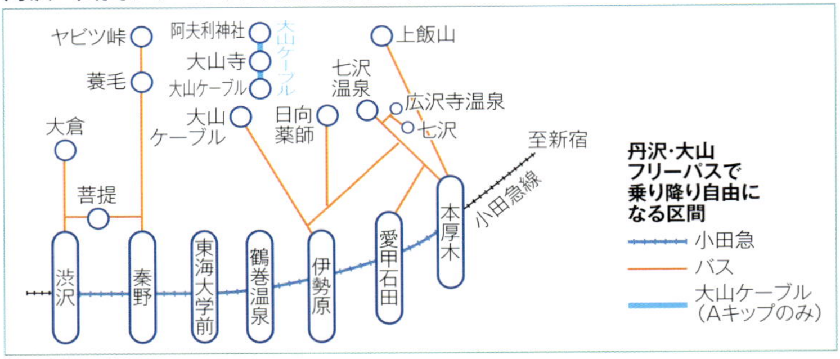

カラフルな塗装が人気！特別塗装電車の歴史

小田急には、過去に何度かふだん走っている電車と違うカラーリングの電車が登場したことがあります。利用者にも鉄道ファンにも新鮮な印象を与え、大きな話題を集めています。

個性的なカラーリングで人々を驚かせた電車

小田急の一般用電車のカラーというと、開業時のマルーン（茶色）一色に始まり、戦後は紺色と山吹色のツートン、アイボリーにブルーの帯、そしてステンレス車体にブルーの帯と変遷してきました。そして、それぞれの塗装は各時代の小田急をシンボライズしていました。

特に2200形で登場した紺色と山吹色の塗色は、ほとんどの電車が茶色だった時代に登場しただけに、乗客にも好感をもって受け入れられ、高度経済成長時代の小田急のイメージづくりに大きく貢献しました。ところが、1967（昭和42）年に小田急百貨店全館完成を記念して登場した「お買い物電車」は、金色の帯1条を配した朱と白に塗り分けられており、沿線住民は大いに驚いたものです。当時としては極めて斬新なこの塗色、2600形の2編成と4000形の1編成に施されています。

さまざまなカラーが期間限定で出現

その後は1982（昭和57）年と1983（昭和58）年に、それぞれ異なるカラーリングの2600形「フラワートレイン」が各1編成登場。そし

1983（昭和58）年に登場し、話題となったフラワートレイン　写真提供：小田急電鉄

て、1984（昭和59）年には2編成の8000形が「イベントカー」、1986（昭和61）年に8000形4編成が蘭世界博覧会を記念した「オーキッド号」として装飾されています。

また、ロマンスカーでも1997（平成9）年に3100形の「ゆめ70」、2001（平成13）年に10000形の「イタリアンエクスプレス」が、各1編成登場しました。近年の例では、2006（平成18）年に8000形1編成が「小田急百貨店開店40周年記念」でカラーリングされ、2007（平成19）年には3000形1編成が、小田急80周年を記念して小学生から公募した「でんしゃデザインコンテスト」の受賞作品をデザインした、「**ラッピングトレイン**」として登場しました。

特別塗装はいずれも期間限定が前提だったことから、走行期間中はその姿をカメラに収めようという鉄道ファンが沿線に集まったものです。

マメ mamezou 蔵

ラッピングトレイン……塩化ビニールのステッカーを貼付して、特殊な塗装を施した車両です。ステッカーには細かいイラストや文字が印刷できるので、近年の特別塗装車はラッピングを採用することも少なくありません。

ピンクのカラーリングの2代目フラワートレイン
写真提供:小田急電鉄

派手な塗色でイメージが変わった3100形の「ゆめ70」
写真提供:結解喜幸

さまざまな関連事業を展開する小田急電鉄

小田急が利用者に提供するサービスは、鉄道による旅客輸送だけではありません。数々の関連事業により、いろいろな角度から人々のくらしを支えています。

巨大な企業グループを形成

小田急グループは100あまりの会社で構成されています。鉄道、バス、タクシー、観光等の運輸関係の会社のほかにも、百貨店やスーパーなどの流通、分譲や賃貸を行う不動産、さらにホテルやレストランなど、その進出業種の分野は非常に多岐にわたっています。メインとなる鉄道事業では小田急電鉄、箱根登山鉄道、江ノ島電鉄の3社があり、バス事業では日本最大規模の神奈川中央交通をはじめ、小田急バスなどが地域住民の足である路線バスや長距離バスを運行しています。このほかにも、箱根ロープウェイや箱根海賊船、大山ケーブルカーなどを運行している大山観光電鉄など、東京都、神奈川県を中心に交通ネットワークを構築しています。

運輸業以外でも、多くは社名から小田急グループであることが分かりますが、ベーカリーショップの北欧トーキョーやDIY店舗を運年するビーバートザンなど、社名に小田急はなくても小田急グループの一員です。

利用客にさまざまなサービスを提供

このように、グループ構成会社が多岐にわたるのは、小田急電鉄が鉄道事業の収支を安定させるとともに、地域開発への貢献、沿線住民への多様なサービスの提供を目指しているからです。それぞれの会社は結果としてグループ全体に大きな相乗効果や波及効果をもたらしています。

沿線開発事業として不動産事業を行えば､利用客の増加につながります。また、駅周辺や駅構内に百貨店、スーパー、魅力的なショップを展開すれば、利用者サービスにつながります。さらに、ビル管理や警備の事業、介護や保育のサービスを手がければ､地域への貢献につながります。さらに、ホテル、ゴルフなどの事業展開は、各地域の開発に加え、小田急沿線住民の生活を豊かにするサービスにもつながっていきます。

マメ mamezou 蔵

大山観光電鉄……古くからの信仰の山として知られる大山への参拝客輸送のため1931(昭和6)年に開業したケーブルカー路線です。大山ケーブル—阿夫利神社間を6分で結びます。

鉄道との相乗効果が期待できる事業を展開 地域貢献と利用者サービスも実現する

小田急バス

小田急グループの主力会社のひとつで、東京西部と神奈川県北東部に広範な路線網を有しています。小田急電鉄の駅と周辺地域を結ぶ路線を多数有しており、鉄道の補完事業としてだけではなく、地域インフラの基盤として機能しています。前身が東京西部を基盤としていた武蔵野乗合自動車というバス会社であったため、JR中央線の沿線地域の路線も数多くあります。

低床車の導入が進む小田急バス

人気の江ノ電も小田急グループの一翼を担っている

駅構内で焼きたてパンを提供するHOKUO

7章

小田急の施設

乗客の安全で快適な移動を実現するため、小田急電鉄は様々な設備投資を続けています。安全運行に欠かせない保安装置や拡充される車庫など最近の取り組みを中心にご紹介します。

小田急の安全を守る自動列車停止装置

鉄道には安全な運行をバックアップするさまざまな仕組みがあります。列車の追突を防止するという鉄道にとっての大きな命題を克服するために開発された自動列車停止装置（ATS）もそのひとつです。

列車の安全を守るATS

鉄道には通常、列車を安全に運行するための保安装置が備えられています。ATS（自動列車停止装置）も、そのひとつで、列車が制限速度を超えて信号機を通過しようとした際に、自動的にブレーキを作動させて減速または停止させる装置です。運転士の信号の見落としなどに備えています。

小田急が採用するのは、**OM-ATS**という保安装置です。信号機が指示する速度を超えて列車がその信号機の先へ行こうとすると、自動的にその指示速度まで制御を行います。ちなみに信号機の表示が黄色と青の「減速」の場合、制限速度は75km/h。黄色の「注意」は45km/h、黄色ふたつの「警戒」は25km/h、赤は「停止」です。小田急線を走る車両はOM-ATSに対応する必要があるため、直通運行している東京メトロの車両はJRのATSのほか、OM-ATSにも対応しています。

安全でスムーズな「D-ATS-P」

小田急では現在、OM-ATSに替わる新保安装置の開発が進められています。最新のデジタル技術を使用し、赤信号までに列車を減速させながら停止させるだけではなく、2005（平成17）年４月に発生したJR福知山線脱線事故を教訓にして、曲線部の速度超過防止のほか、線路の条件に応じた速度制御機能を追加しています。また、拡張機能として異常時（踏切支障・ホーム支障）における列車停止機能や車両扉の誤開閉防止機能を有しています。

特徴❶トランスポンダ装置（点制御）とレール伝送装置（連続制御）を併用
❷車上パターン式連続速度照査方式
❸現示UP時の追従性改善（運転時隔短縮効果）

小田急ではOM-ATSからD-ATS-Pに順次切り替えていく予定です。

マメ mamezou 蔵

閉塞区間……正面衝突や追突を防ぐために、線路を一定距離で区切り、それぞれの区間には原則として1本の列車しか入れないようにする安全運行上の考え方です。区切られた各区間を「閉塞区間」といいます。

日々進化するATS！安全性向上のための設備をますます充実

閉塞とATSの仕組み（概念図）

ひとつの閉塞区間には、原則的に複数の列車が入ることはできないため、閉塞区間Bに第1列車がいるうちは、信号機Dは停止（赤）信号になります。

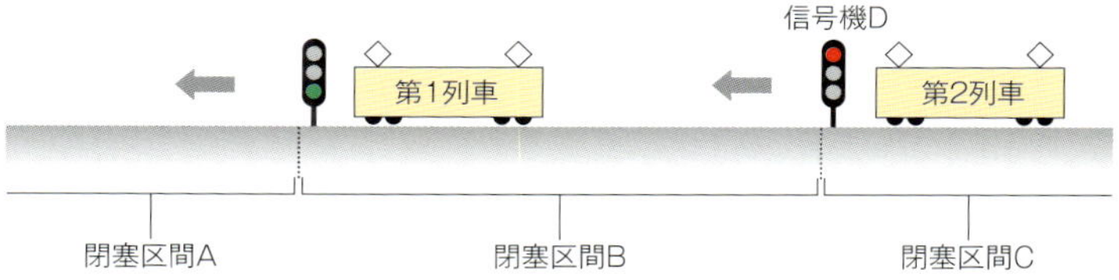

制御機能の例（基本・主機能）　閉そく信号機のATSパターン

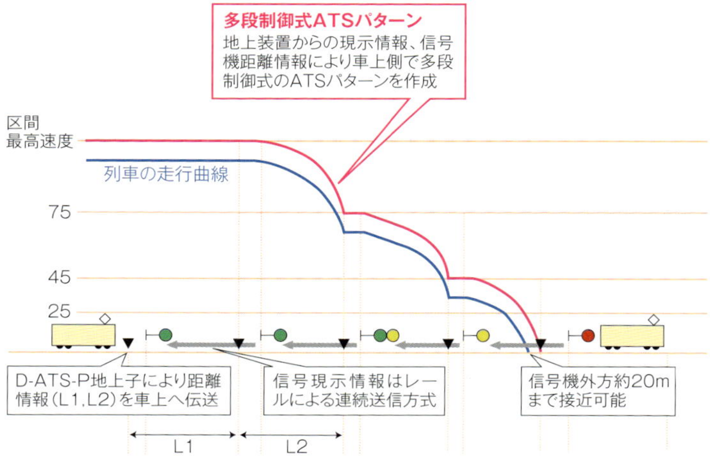

小田急にある検車区と車両所ってどんな施設？

検車区と車両所では、夜間に車両を留置するほか、車両の検査が行われており、電車の安全で円滑な運転に欠かせない施設となっています。

小田急の「検車区」

小田急ではドアやブレーキなどの日ごろの検査を行っているところを「**検車区**」と呼んでいます。成城学園前～喜多見間で分岐する線路の先には喜多見検車区があり、約150両の収容が可能です。喜多見検車区の上は、一部が「きたみふれあい広場」という公園になっているのが非常にユニークです。また、多摩線の唐木田駅付近には、喜多見検車区唐木田出張所があります。こちらは約160両を収容可能です。

また、海老名駅付近には海老名検車区があります。約300両が収容できる小田急で最も大きな検車区です。ここでは伝説の名車・SE車（3000形）が保存されており、イベントなどで一般公開されることもあるので、

「大野総合車両所　親子見学会」では、車両を吊り上げる作業などが見学できる
写真提供:小田急電鉄

小田急電鉄のホームページを要チェックです。このほか検車区ではありませんが、経堂駅、相武台前、足柄、小田原に電車を留めておくための線路があります。

車両を徹底的に分解

相模大野駅付近にある大野総合車両所は検車区の機能を持つほか、大がかりな車両の検査、補修をできるのが特徴です。

鉄道車両は、安全のため定期的に検査を行っています。そのうち最も大きな検査が、8年ごとに行われる全般検査です。車両からすべての機器を取り外し、バラバラにして徹底的に検査します。また、4年もしくは走行距離が60万kmを超えないうちに、**モーター**など特に重要な部品をチェックする重要部検査もあります。車両のかんたんな検査は検車区で可能ですが、小田急で全般検査、重要部検査ができるのは、大野総合車両所だけです。かつて経堂工場や相武台工場でも全般検査などを行っていましたが、それらの工場は1962（昭和37）年に廃止され、大野総合車両所（当時は大野工場）にまとめられました。

マメ mamezou 蔵

モーター……電車を動かすための装置で、主電動機とも言います。通常は台車の内側に取り付けられており、モーターの回転は歯車を介して車輪に伝えられます。

喜多見検車区は2層式となっており、上層部は都市公園として地域住民に開放されている（193ページ右写真参照）　写真提供:小田急電鉄

小田急が取り組むバリアフリー対策

体の不自由な方や、お年寄りでもスムーズに鉄道による移動ができるように施設を整備するのが「交通バリアフリー」の考え方です。小田急はこの考え方のもと、バリアフリー化を着実に進めています。

すべての乗客に対して快適な移動空間を

小田急電鉄では、お年寄りや身体が不自由の方でも電車を使いやすいようにするために、古くからバリアフリー化を進めてきました。

駅にはエレベーターやスロープが整備され、小田急全70駅のうち69駅で、改札からホームまで段差無く移動できるようになりました（2012年1月現在）。また車いすを使っている方や、人工肛門や人工ぼうこうを利用している方（オストメイト）でも利用できる多目的トイレが、70の駅すべてに設置されています。

目や耳の不自由な方でも利用しやすくなるよう、配慮されています。目が不自由な方のために誘導ブロックや誘導チャイムが全駅に整備されているほか、すべての券売機には点字による案内が備えられました。改札や券売機の場所を案内する触知案内板も主要駅にあります。また耳が不自由な方のために、全駅の改札口に筆談器が用意されました。

機械も人もバリアフリーに

車両では、車いす用のスペースが確保されたものが増加中です。4000形や3000形、2000形などの通勤形車両のほか、特急形車両でもVSEとMSE、LSE、EXEに用意されています。情報をよりわかりやすく伝える、**LED**やLCD（液晶ディスプレイ）を使った車内の案内表示も充実してきました。また現在では主要駅に設けられている行先案内表示装置も、全駅への設置を目指し整備が進められています。

こうした設備面以外にも、バリアフリーは進んでいます。小田急では民間資格の「サービス介助士」を取得した係員を駅へ配置。多くの人が便利で快適に電車を利用できるよう、さまざまな試みが日々続けられているのです。

マメ mamezou 蔵

LED……電流を流すことにより発光する半導体素子・発光ダイオード（Light Emitting Diode）のことで、鉄道では駅の案内表示や車両の行先表示などに使われています。

急速に進む高齢化社会 先手を打ち着々とバリアフリーを推進

近年急速に進む駅のバリアフリー化

エレベーターの設置も進められている。写真は新宿駅の橋上部と地平のロマンスカーを結ぶエレベーター

交通バリアフリー法

2000（平成12）年に施行された法律で、高齢者や身体障害者の自立した日常生活の確保を目的に制定されました。これによって鉄道駅のほか、バスターミナルや船着き場、鉄道、バスの車両や船舶などのバリアフリー化（障壁の除去）が進められることになり、各社はユニバーサルデザインの推進、多目的トイレの設置、エレベーターやエスカレーターの設置などを進めています。国による財政的な支援も充実しており、鉄道会社の負担を軽減しています。

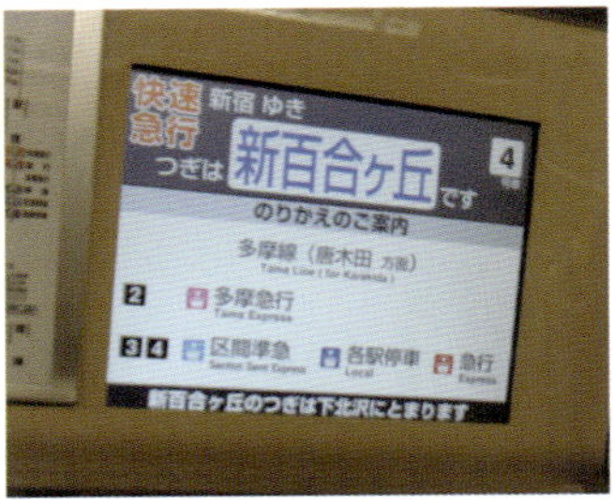

車内に設置されたLCDの案内表示器。聴覚障害者にも好評

多摩川橋梁の架け替えを実施

小田急の車窓風景のハイライトとも言える多摩川橋梁。この橋は開業当初から使用されており、多摩川のシンボル的な存在となっていました。近年の輸送力増強に伴い新しい橋に架け替えられています。

輸送力増強のため、多摩川橋梁を含めた改良工事を実施

輸送力増強を目的に開始された小田原線の複々線化工事は梅ヶ丘〜和泉多摩川間が完了、代々木上原〜梅ヶ丘間も現在着々と工事が進められています。上記の区間は連続立体交差事業および**特定都市鉄道整備促進特別措置法**の対象となり、行政からの支援を受けて進められています。

さらに、小田急では和泉多摩川〜向ヶ丘遊園間についても輸送力増強を目的とした改良工事を行いました。こちらは上記の枠組みには入らないため、小田急が独自に進めた工事です。複線だった和泉多摩川〜向ヶ丘遊園間のうち、多摩川橋梁部分は複々線化、登戸〜向ヶ丘遊園間は上り２線、下り１線とする工事が進められ、2010（平成22）年６月に完了しています。

小田急名所もついに新橋梁に

小田急線の名所であった多摩川橋梁ですが、開業当初から使用されてきた橋梁であり、老朽化が進んでいたため、橋梁の架替工事が行われました。工事はまず旧橋梁の上流側に複線の新橋梁を設置することから始められました。

完成後、旧橋梁から切り替え、その後旧橋梁の撤去工事が進められました。さらに、旧橋梁の位置にも複線の２つ目の新橋梁を建設し完成後には２つの橋梁を合わせて複々線橋梁としての供用が開始されたのです。新橋梁はいずれも鋼床版箱桁構造で全長は428mとなります。

合わせて登戸駅も大改良され、盛土構造から高架構造の２層式駅舎に改築され、２面２線の相対式ホームは上り２線、下り１線の２面３線になりました。

マメ
mamezou
蔵

特定都市鉄道整備促進特別措置法……大都市圏の鉄道会社が輸送力補強の投資を行う際の負担を平準化するために、積立金制度などの特別措置を盛り込んだ法律です。1986（昭和61）年に施行され、所管省庁は国土交通省です。

小田急の屈指の名所多摩川橋梁
架け替えと複々線化により様相は一変

架け替え前の多摩川橋梁（昭和55年ころ）　写真提供:結解喜幸

現在の多摩川橋梁。複々線化されているが、登戸駅の下りホームが1本しかないため、橋上で徐行する各駅停車を目にする機会も多い　写真提供：小田急電鉄

小田急電鉄の環境への取り組み

小田急電鉄は、古くから地球温暖化対策や騒音・振動の低減など環境問題にも積極的に取り組んでいます。また、自然保護や環境保護などに対する数々の施策は各界から高い評価を得ています。

騒音・振動の低減への取組み

電車の走行時に発生する騒音や振動を低減させるため、小田急では車両にさまざまな改良を加えています。車輪とレールが擦れることで発生する騒音対策としては、防音車輪を導入しており、現在では全ての車両の車輪がこの防音車輪になっています。また､新型車両や車両の更新に合わせて、音の主な発生源であるモーター部分の対策として「全密閉式主電動機（モーター）」の搭載が進んでいます。

そのほか、ロングレールの採用や、**防音壁**、吸音パネルなどを設置するなど、車両だけではなく、小田急線のいろんな場所に工夫が施されています。

地域住民に愛される鉄道を目指して

2008年9月から小田急で発売されている「箱根旧街道・1号線きっぷ」は、カーボンオフセットを導入した日本ではじめての割引周遊券です。お客さまがこの周遊券を利用して移動する際に、鉄道やバスが排出するであろうCO_2を打ち消す（オフセットする）ための費用を、小田急電鉄、箱根登山鉄道、箱根登山バスの3社が負担するという仕組みで、環境に配慮しながら箱根を楽しめる商品として人気があります。

そのほかにも、江の島海岸、相模川において清掃活動を行う「小田急クリーンキャンペーン」を毎年開催しており、小田急グループの社員だけでなく、一般の方々も参加することができます。また、小田急沿線の豊かな自然が気軽に楽しめる「小田急沿線自然ふれあい歩道」を独自に選定。小田急線の駅を起・終点とした全70コースがあり、全てホームページで見ることができます。小田急沿線に住んでいなくても足を運んでみたくなるコースばかりです。

マメ mamezou 蔵

防音壁……列車の走行音拡散を軽減することを目的に設置される壁を指します。防音効果をより一層高めるため、防音壁に吸音パネルや干渉型防音装置などが一緒に設置されております。

自然保護や環境保護を積極的に推進 相模川のクリーンキャンペーンも実施!

騒音の低減化に大きく寄与している防音車輪 写真提供:小田急電鉄

気軽に小田急沿線の自然を楽しめる「小田急沿線自然ふれあい歩道」
写真提供:小田急電鉄

騒音軽減のためレールにも改善

線路の砂利と高架橋の間にマットを設置したり、合成ゴム製の弾性材を用いた「弾性マクラギ砕石軌道」を採用することで、騒音や振動の低減を図っています。レールについても剛性の高い60kg/mレールを使用しているほか、レールの継ぎ目を溶接してロングレール化することで、継ぎ目が発生させる「ガタンゴトン」という音、揺れを軽減するなど、様々な工夫が凝らされています。

騒音軽減のため弾性マクラギが採用されている　写真提供:小田急電鉄

8章

小田急で活躍する人たちのひみつ

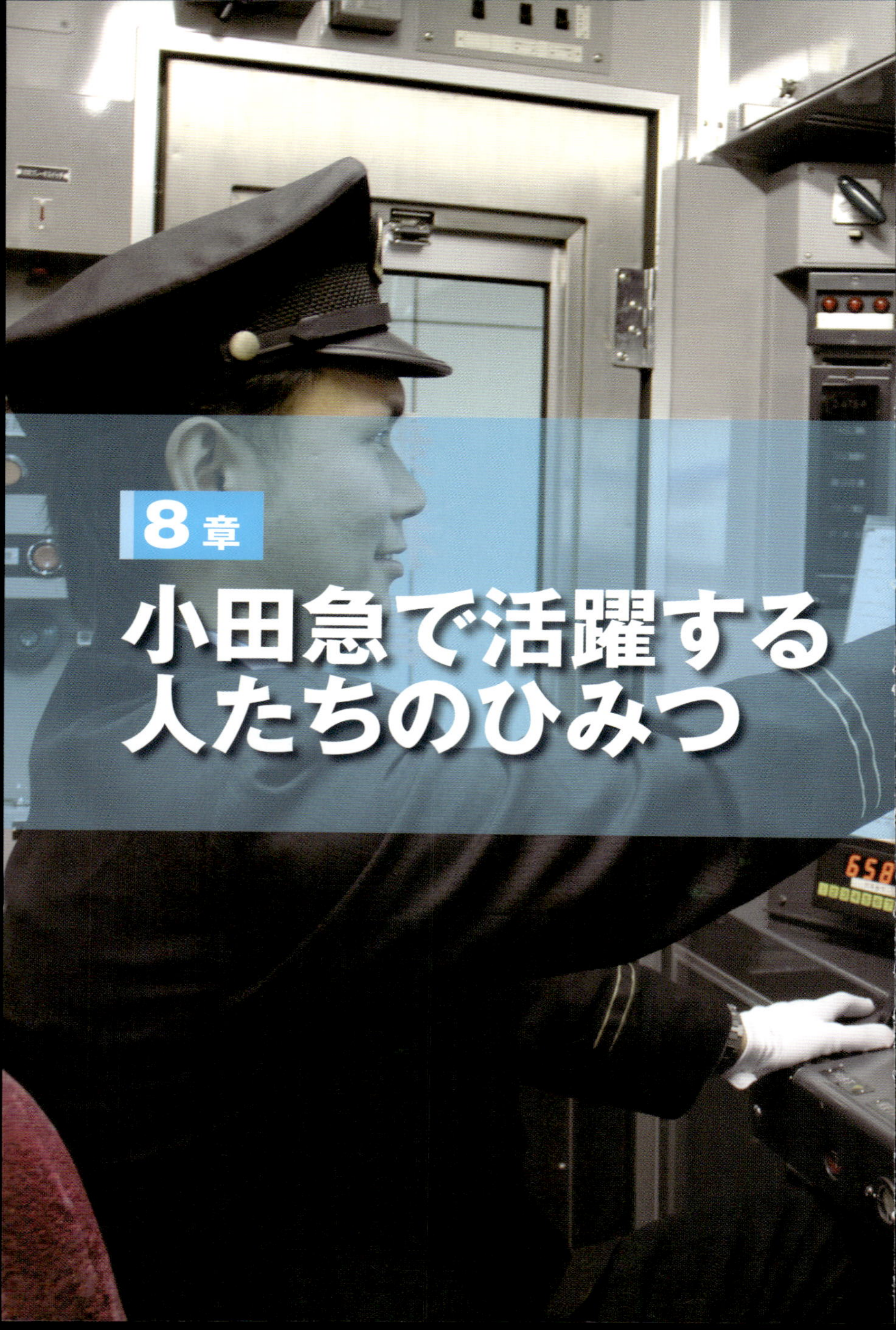

最終章では小田急電鉄で日夜活躍するさまざまな職種の社員の皆さんの、仕事の流れと内容について詳しくご紹介します。

小田急に聞く!
❶運転士

小田急電鉄にはさまざまな職種があります。 小田急の現場の職員の皆さんに、 編集部が生の質問をぶつけてみました。

Q 勤務体系を教えてください。

A 出勤すると、基本的にその日は泊まり勤務となります。最終乗務地の駅または電車区で仮眠を取り、次の日は半日程度勤務した後、帰宅になるためその日を「明け」といいます。泊り・明けを基本として、2回泊り明けの後2公休、2回泊り明けの後1公休の11日サイクル（泊・明・泊・明・休・休・泊・明・泊・明・休）となります。

Q 仕事内容を教えてください。

A 列車の出入庫整備です。運転士は、駅で乗務員交代を行うこともありますが、車庫から列車を出し、乗務することもあります。その際には、運転士が自分で運転台の周りの安全を確認。車輪部分やモーター部分など約100箇所もの確認事項があります。

点呼の様子。これから運転士の勤務が始まる

Q 運転士の必携道具を教えてください。

A **レバーシングハンドル**（運転席にセットする場所があり、列車の前進、後進を決めるハンドルとなります）と、**ブレーキ弁ハンドル**（運転席にセットする場所があり、ブレーキを掛けたり、緩めたりするハンドルとなります）です。この2つは常に運転士が携帯しているもので、2つでセットとなります。これらがないと5000形と8000形（一部）は運転できません（1000形はブレーキ弁のみが必要となります）。近年は、新しい車両が導入されているため、これらの道具がなくても運転できる車両が多くなってきています。

Q 運転士が出勤し、宿泊施設や休憩スペースがある電車区は、小田急線のどこにありますか？

A 喜多見電車区、大野電車区、海老名電車区、足柄電車区の４電車区に加え、喜多見電車区管理の新宿出張所もあります。そのほか、運行全般を管理している運輸指令所が相模大野にあります。

これが運転士の携行品だ!

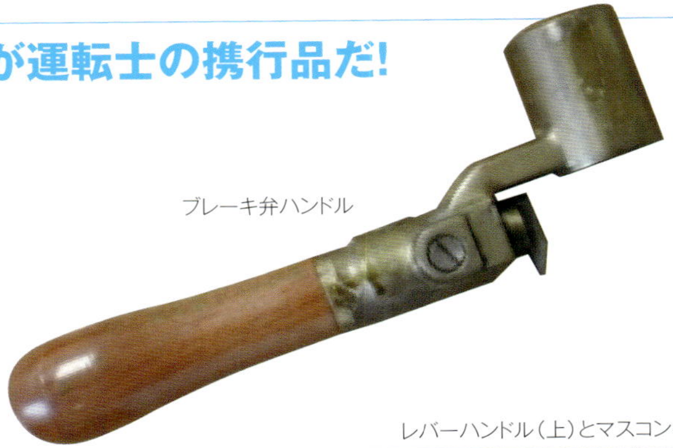
ブレーキ弁ハンドル

レバーハンドル（上）とマスコンキー（下）

時計

小田急に聞く!
❷車掌

Q 勤務体系を教えてください。

A 出勤すると、基本的にその日は泊まり勤務となります。最終乗務地の駅または車掌区で仮眠を取り、次の日は半日程度勤務した後、帰宅になるためその日を「明け」といいます。運転士と同様、泊り・明けを基本として、2回泊まり明けの後2公休、2回泊り明けの後1公休の11日サイクル（泊・明・泊・明・休・休・泊・明・泊・明・休）となります。

Q 仕事内容を教えてください。

A 扉の開閉や車内アナウンスだけではなく、列車が駅に到着する際や駅を出発する際の側面の安全確認のほか、駅や車内でのお客さま案内業務、車内の空調管理など、たくさんの業務を担当しています。

Q 車掌さんの必携道具を教えてください。

A **列車運行図表**（ダイヤ）と、一部の電車においてドアの開閉を行う装置「車掌スイッチ」を操作する時に使う鍵となる、**ロックスイッチキー**です。

車内放送に勤しむ車掌。小田急はお客さまにとって分かりやすく、聞きとりやすい車内放送に努めている

Q 車掌さんが勤務する車掌区は小田急線のどこにありますか？

A 喜多見車掌区、大野車掌区、海老名車掌区、足柄車掌区の４車掌区のほか、喜多見車掌区管理の新宿出張所があります。

素早く、正確にホーム上で業務の引き継ぎを行う車掌

これが車掌の携行品だ!

ダイヤ（右端）は全列車の運転時間が記載され、車掌必携のアイテムである

ロックスイッチキー

小田急に聞く!
③電気係

Q 勤務体系を教えてください。

A 日勤A（8:45～17:00）と日勤B（8:45～18:15）、夜勤（0:00～6:00）があります。通常は日勤Aの勤務ですが、夜勤がある場合、日勤Bと夜勤を組み合わせた２日分の勤務となり、翌日は非番になります。夜勤は週に１～２回程度あります。休暇は週休２日制となっており、月ごとの勤務表により割り振られております。全員が同時に休むことができないため、週休の曜日は決まっていません。

Q 仕事内容を教えてください。

A さまざまな機器の保守（点検、補修）です。変電設備（変電所）や、電力設備、信号保安設備、通信設備の保守（点検、補修）、工事の設計、施工管理業務などいろいろな仕事があります。ちなみに、電力設備は架線設備、駅等の照明、エレベーター、エスカレーターなど、信号保安設備は信号機、ATS、踏切設備、列車運行管理装置など、通信設備は列車無線、行先案内装置、駅自動放送など、となっています。電車の運行を安全かつ円滑に、そしてお客さまの利便性向上を目的に設置された設備の保守に職員一同緊張感を持って仕事に臨んでいます。

転轍器（ポイント）の点検を行う電気係

Q 必携道具を２つ教えてください。

A 現場で使う**腰道具**と機器の計測に使う**回路計**です。架線鉄柱や信号機柱などの高いところに上ることも多いので、腰に必要な道具があると都合が良いのです。

Q 電気システム管理所はどこにありますか？

A 喜多見電気システム管理所、大野電気システム管理所、秦野電気システム管理所の３管理所のほか、小田急線の全ての電気を総合的に管理する電気司令所があります。

架線の点検を行う電気係

回路計は電圧や電流を知るために電気係必携のアイテムだ

腰道具を身につけ信号機を点検する

小田急に聞く!
❹車両整備

Q 勤務体系を教えてください。

A 整備士の勤務には、勤務内容によって「日勤勤務」と「泊まり勤務」の2種類があります。日勤勤務の整備士は、9時から17時15分の間の勤務で、法律で定められている検査を主に行っています。泊まり勤務の整備士は、9時から翌朝の9時までの24時間勤務で、1グループ約9名の固定メンバーで、3グループ交替制です。

仕事を始める前にミーティングを行い、前日の泊まり勤務者から営業線状況を引き継ぎ、勤務を交代しています。

主な業務は、主に摩耗部品を点検する列車検査、営業運転前の仕業準備、営業運転後の仕業整備作業ですが、電車は、朝5時から25時過ぎ（鉄道時間）まで走っているため、営業線で電車がトラブルが起きた時には、その処置対応を行います。

泊まり勤務者は、夜には「早番」「遅番」の2グループに分かれます。遅番は、電車が営業線から車庫に戻ってきた時の点検整備である仕業整備作業を行いますが、最終電車が戻ってくるまで行うため、26時ごろまで作業になります。早番は、3時半ごろに起床し、電車が車庫から営業線に出て行くための準備作業を行っています。

大野総合車両所で行われている車両検査の様子

Q 仕事内容を教えてください。

A 大野総合車両所では、8年を越えない期間に車両全般について行う全般検査と、4年または当該車両の走行距離が60万kmを超えない期間に、車両の動力発生装置、走行装置、ブレーキ装置そのほか重要な装置の主要部分について行う重要部検査があり、交互に行っています。それぞれの検査を受ける車両に対して、整備士は、電車の車体と台車とを分け、モーターやドアなど、いろいろな機械や部品を取り外し、専門の整備士が細かくチェックし、不具合箇所の整備点検と部品交換を行っています。

また、そのほかに検車区では、3ヵ月を越えない期間毎に車両の状態および機能について行う月検査、ドアの機能確認やパンタグラフ、ブレーキ装置など摩耗部品を中心とした列車検査、夏には暖房装置、冬には冷房装置などについて分解、給油、および清掃などを行う季節検査があり、車両基地では、電車が車庫から営業線に出るときに行う仕業準備作業、営業線から車庫に戻った時に行う仕業整備作業が主な業務となっています。

Q 車両整備士の方の必携道具を教えてください。

A **蛇口スパナ**と**点検ハンマー**です。蛇口スパナは車輪とブレーキシューの隙間を適正値に調整する道具です。電車のブレーキが擦り減ってくると、車輪との隙間が大きくなってしまいます。ねじで隙間を調整する必要があるのですが、その時に使う道具です。点検ハンマーは車両の機器の打音検査をする道具です。ボルト・ナットを叩くことにより、叩いた感触や音でボルト・ナットの弛みの有無を確認するのです。

Q 車両を検査するところはどこにありますか？

A 現在小田急電鉄では大野総合車両所、喜多見検車区、海老名検車区の3カ所で車両検査を行なっています。

これが車両整備の携行品だ!

蛇口スパナ

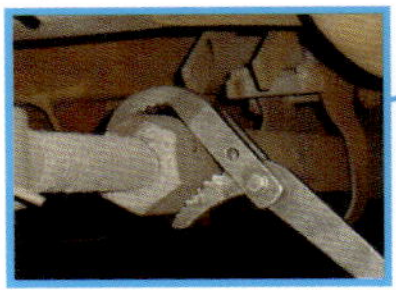

点検ハンマー

小田急に聞く!
⑤工務

Q 勤務体系を教えてください。

A 全部で2パターンの勤務体系があります。日勤勤務（A）8:45～17:00、日勤勤務（B）8:45～18:15（夜勤勤務がある場合の労働時間）、夜勤勤務23:00～5:00があり、いずれも1時間の休憩が含まれます。約半月前に工事や点検のための夜間作業計画が組まれ、それに合わせて係員の配置を決め、日勤と夜勤を組み合わせたシフトができあがります。

Q 仕事内容を教えてください。

A 仕事の内容は、列車が安全に走行するための線路の保守や線路の点検検査で、そのほかに事故・災害時の対応などがあります。

Q お仕事の必携道具を教えてください。また簡単に使用方法も教えてください。

A **点検ハンマー**と**水準器**です。点検ハンマーはレールを固定している締結装置（金具）などのボルトが緩んでいないか叩いて確認する道具。これを持って保線係員が全線を隅々まで点検します。水準器は線路（軌道）の

ハンドタンパーで線路を搗き固める工務の皆さん。線路の保守·点検も鉄道の安全運転に欠かせない重要な任務だ

狂い（軌間、水準）を測定する器具です。ちなみに、軌間とは右左のレールの幅、水準とは右左のレールの高低差を指します。

Q 工務区・保線区はどこにありますか？

A 小田急線には喜多見工務区、大野工務区、秦野工務区、機械保線区の4ヵ所があります。これら4つの区を喜多見にある工務技術センターが統括しています。現在164人が所属しています。(2011年12月現在)

レール運搬車の作業準備をする工務の皆さん

これが工務の携行品だ!

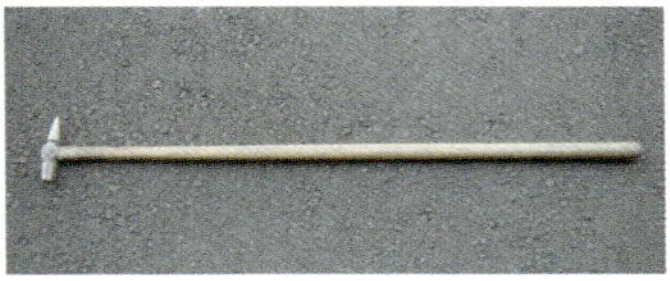

点検用ハンマーはレールを固定する締結装置等の緩みを調べるのに必須の道具

レールの高低差を図る水準器。鉄道には曲線区間の遠心力の減殺を目的に、曲線の外側のレールを内側より高くするカントと呼ばれる区間があるが、このカント量を測るのも重要な仕事となる

小田急に聞く！
⑥駅係員

Q 勤務体系を教えてください。

A 28日サイクルで8日の休日を与えられるシフト勤務となっています。基本的に隔勤勤務（9時～翌9時が基本）で実働は15時間となります。

Q 仕事内容を教えてください。

A 小田急電鉄では、いくつかの駅を**管区**という単位で区分けし、さらに管区の中に**管内**を設けています。その管区毎に管区長がおり、管内毎に駅長がおります。※管区の駅長は管区長が兼任しています。（例　管区長兼町田駅長）

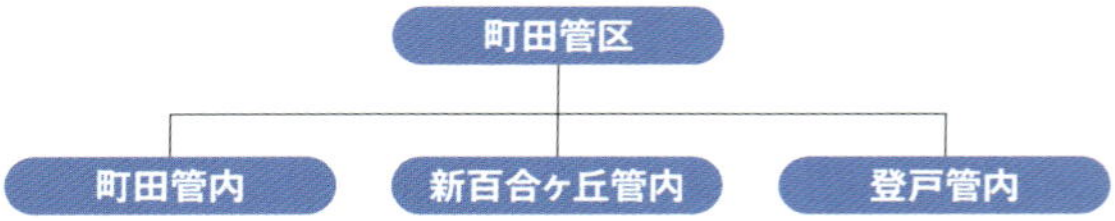

駅長は、駅の最高責任者であり、駅施設・駅係員・その他駅全般の管理を行っています。他にも駅周辺における地元の自治体や商店会・企業などとの会議に出席することもあり、地域の活性化に向け、交流を図っています。

駅は泊まり勤務を基本としているため、上司・部下・同僚を含め、職場生活は信頼関係でなりたっています。駅長は日勤と呼ばれる勤務で勤務駅によって出勤時間に若干の違い（ラッシュ対応の多い駅や少ない駅等）がありますが、一日の働く時間は7時間30分としています。GWや年末年始、イベント等がある時は休日にも出勤することがあります。

信号扱者は、駅係員の中で信号も扱う人のことを指します。主な仕事は列車の運行管理に携わる信号やポイントを切り替えることです。電車が安全に運行できるように努めています。出発、停車、車庫への入換等の信号を運行ダイヤに合わせて、間違いなく作業をしなくてはならない、責任の重い仕事です。普段は、小田急線全線を**ＯＴＣ**※1で管理していますが、ひとたび、大きく遅延が生じたり、事故が起きるとＯＴＣでは管理が難しくなるので、信号扱者の出番となります。ここからは信号扱者の腕の見せ所で、正確且つ確実な作業、豊富な知識、豊かな経験を兼ね備えているからこそ出来る仕事であり、短時間に、ダイヤ通りの運行へ戻すことを信条としています。**連動盤**※2を扱う姿はまるで「職人さん」のようです。

信号扱者は、新しい運行システムのテストを行ったり、新しい車両が入った時のテスト走行や夜間に行う線路等の保守作業の状況により徹夜で仕事をすることもあります。

また、駅係員には、日をまたいで勤務する「泊まり勤務」と、朝から夜までの「日勤」の2種類があります。泊まり勤務は基本的に朝9時00分～翌朝9時00分までの勤務となっているため、早番・中番・遅番に分かれており、休憩や仮眠時間帯がそれぞれ異なっています。

仕事の内容は、列車の出発・到着・通過を見守る列車監視をする他、改札での運賃精算、窓口での定期券・特急券等の発売、また電車に不慣れなお客さまへのご案内や駅周辺の観光案内に至るまで様々な仕事をしています。他にもお客さまのお忘れ物を捜索したり、急病人がいれば、すぐさま駆けつけ、車イスや担架の手配、応急的な看護をしたりもします。そのため、多くの駅係員は上級救命技能認定の資格を保有しており、ＡＥＤの取扱い等も行えます。

沿線にお住まいの方々や電車を利用されるお客さまが安心してご利用いただけるよう、日々安全の確保に努めています。

駅係員の仕事は多岐にわたる。信号所で電車の運行を常に確認する

※1 OTC(odakyu traffic control)とは、小田急電鉄独自の列車運行管理システムを指します
※2 連動盤とは、駅の信号システムを切り替えるテーブルのことを指します

Q 必携道具を教えてください。

A **列車運行図表**（ダイヤグラム）と**腕時計**です。列車運行図表は勤務する駅の停車・通過時間が一目瞭然となる図表で、業務には必携と言えます。また、鉄道は安全かつ時間の正確さが求められますので、常に正確な時計を携帯することが必要となります。その他、勤務場所により必携道具は変わります。

Q 宿泊施設のある駅はどこですか？

A 全70駅にあります。

ホームの安全確認をする駅係員。きびきびとした動作は見ていてすがすがしい

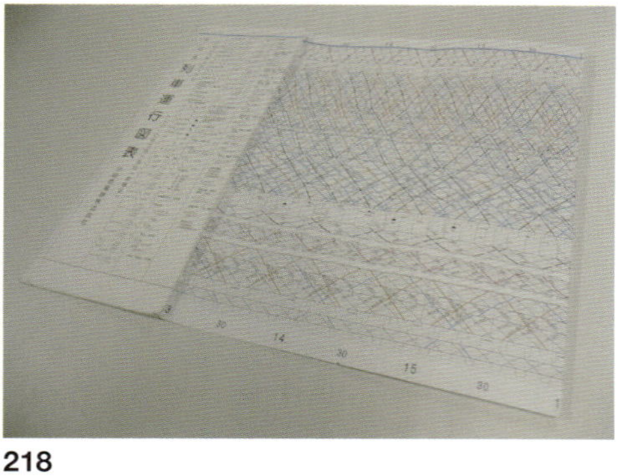

駅の現場でも使用されているダイヤグラム

小田急に入社するには

私鉄の雄･小田急電鉄には多くの職員が在籍しそれぞれの職域で活躍しています。自分も小田急で働いてみたいと思っている方も多いのでは？　小田急電鉄では「総合職」「エキスパート職」の職種別に採用を行っています。

■採用学部学科

総合職・事務系：学部学科問わず
総合職・技術系：電気、電子、土木、建築、機械専攻
エキスパート職・運転・駅務・商業施設：学部学科問わず
エキスパート職・車両：機械、電気の専攻が望ましい
エキスパート職・土木・建築：土木、建築専攻
エキスパート職・電気：電気、電子専攻

■選考方法

面接、筆記試験、適性検査など

■業務の内容

総合職・事務系：グループ事業、開発、不動産賃貸、運輸、広報、総務、財務部門等における企画立案業務など
総合職・技術系：運輸、開発分野における企画立案業務・施工管理業務など
エキスパート職・運転：運転士や車掌としての運転業務など
エキスパート職・駅務：駅におけるサービス業務、信号業務など
エキスパート職・車両：鉄道車両の整備業務など
エキスパート職・土木・建築：鉄道建築物の施工管理、保線業務など
エキスパート職・電気：電力・通信設備の保守業務など
エキスパート職・商業施設：駅ビル管理、駅周辺ビジネスの企画・運営など

小田急電鉄ホームページトップ画面からも採用情報ページにいくことができます

詳細はHPで確認してください。 **http://www.odakyu.jp/recruit**

INDEX

英数字

あ

か

さ

た

な

は

ま

や

ら

わ